My Alphabet Handwriting Practice Book

This handwriting book belongs to

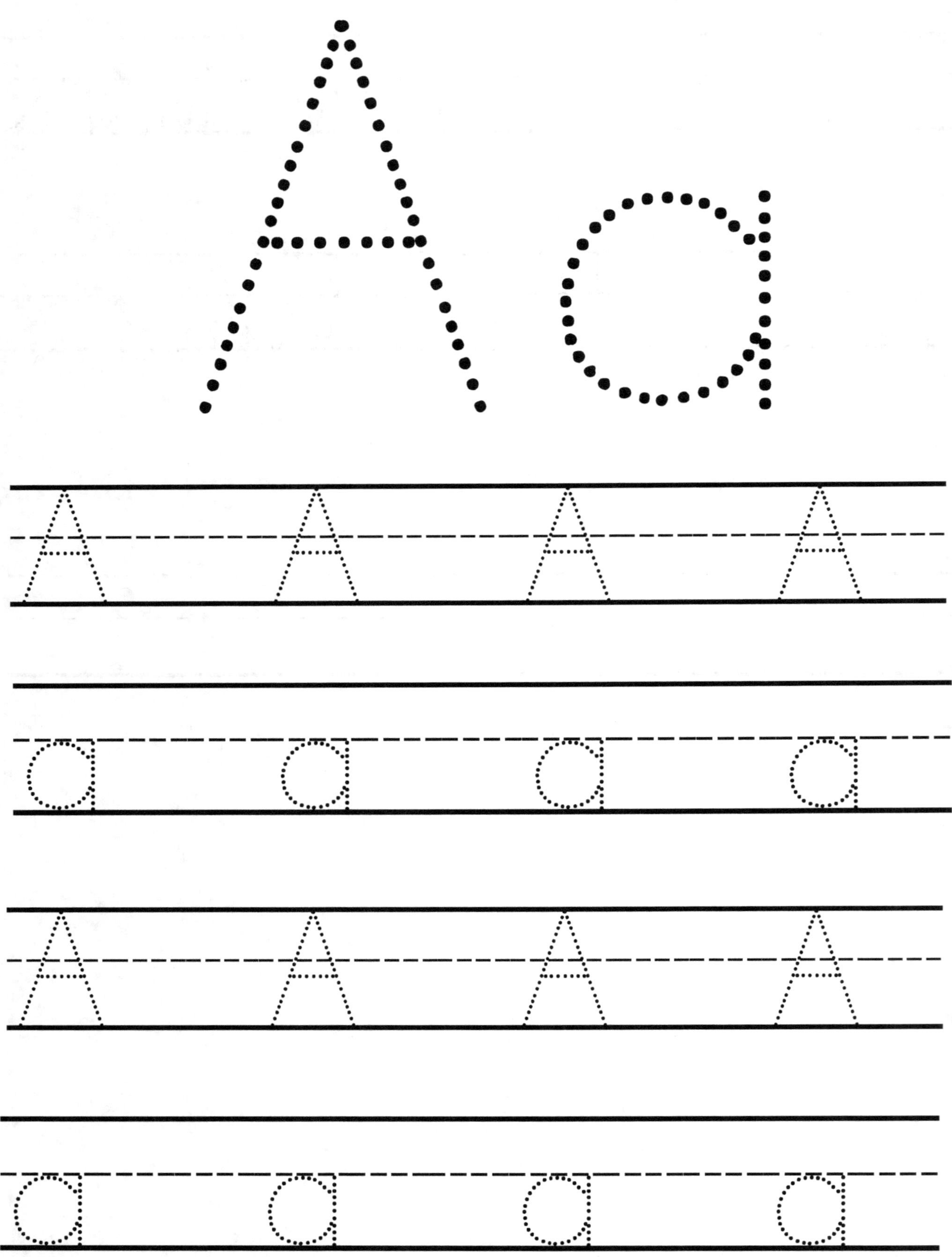

Aa

Aa

Aa

Aa

Aa

Aa

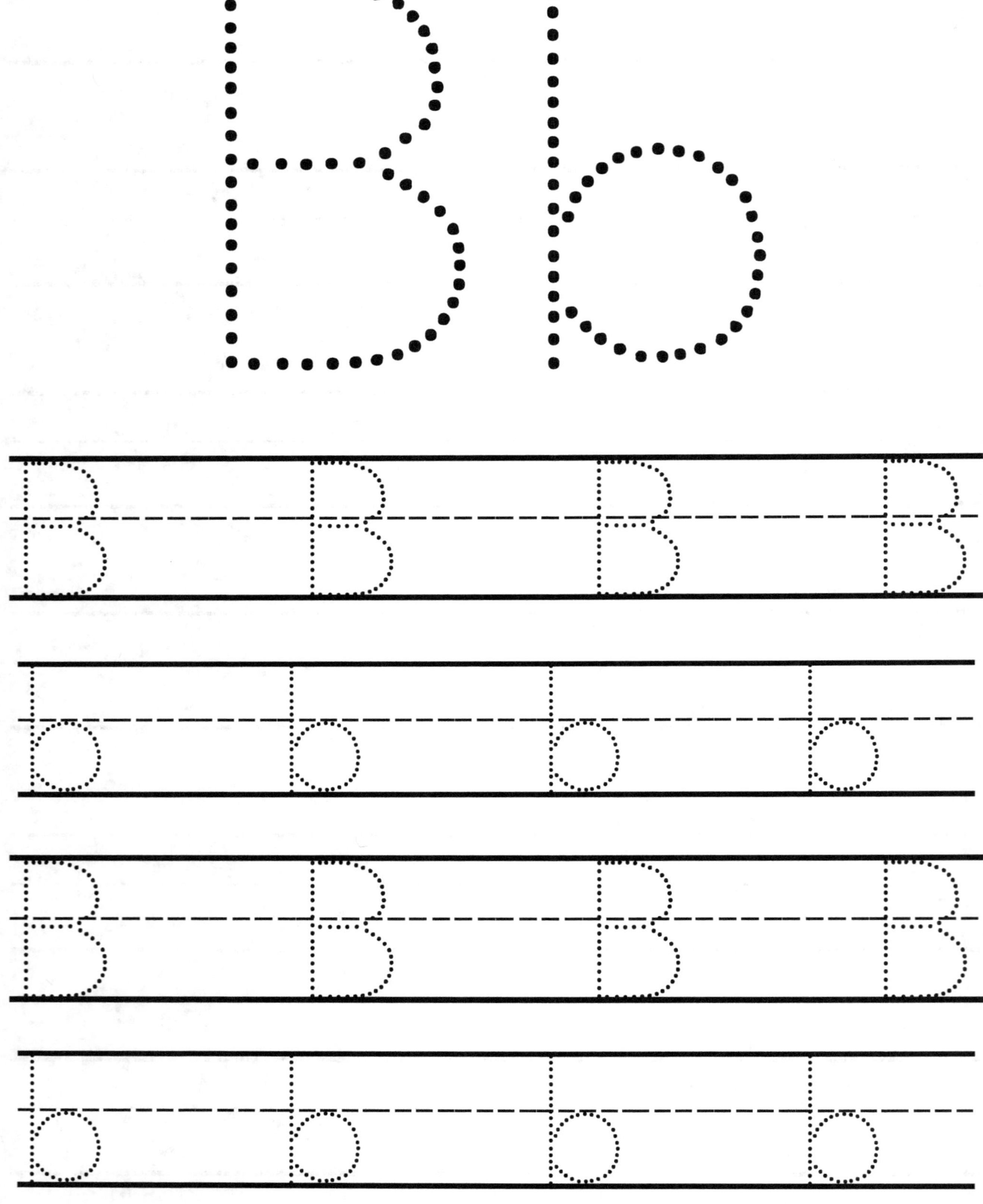

Bb

Bb

Bb

Bb

Bb

Bb

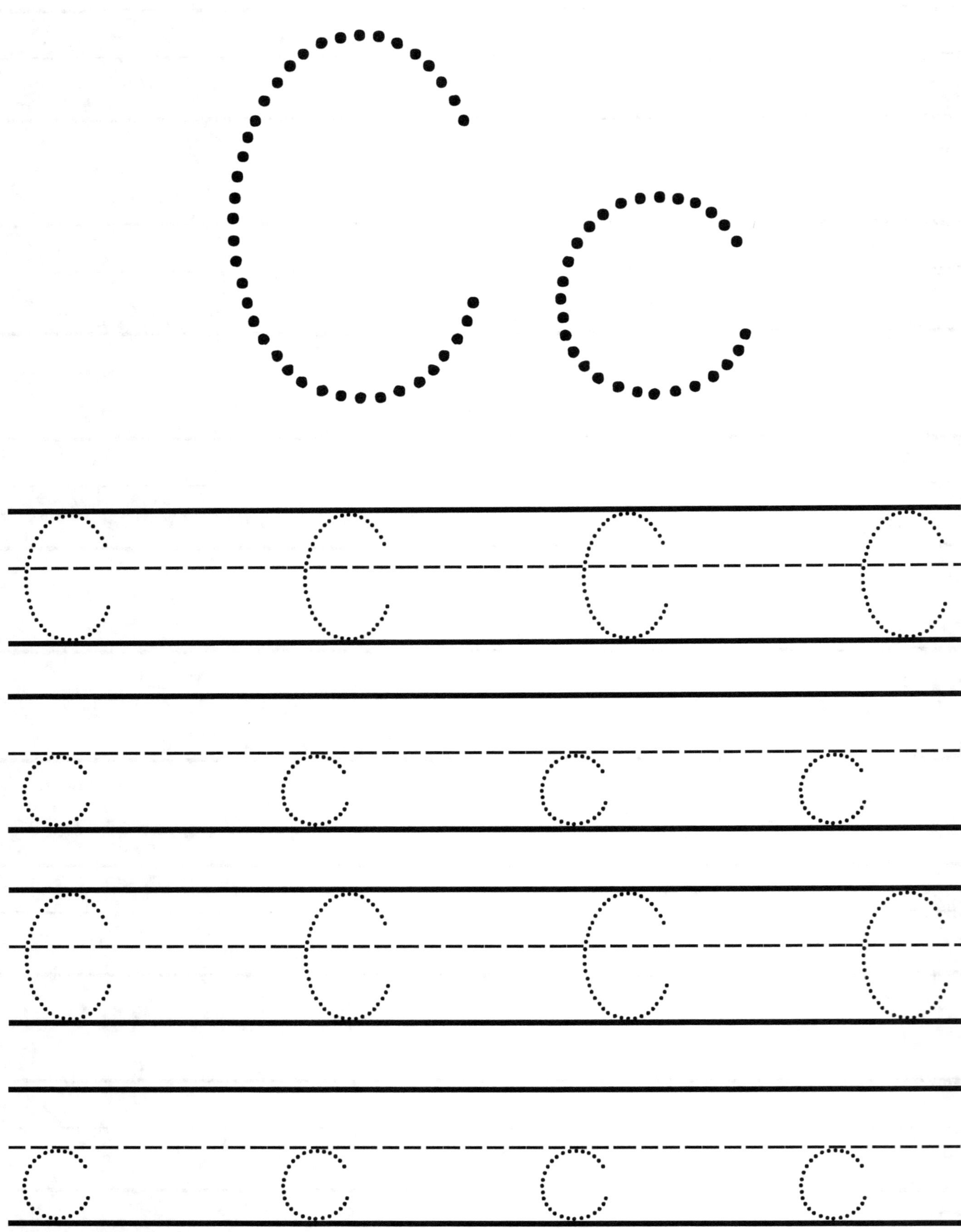

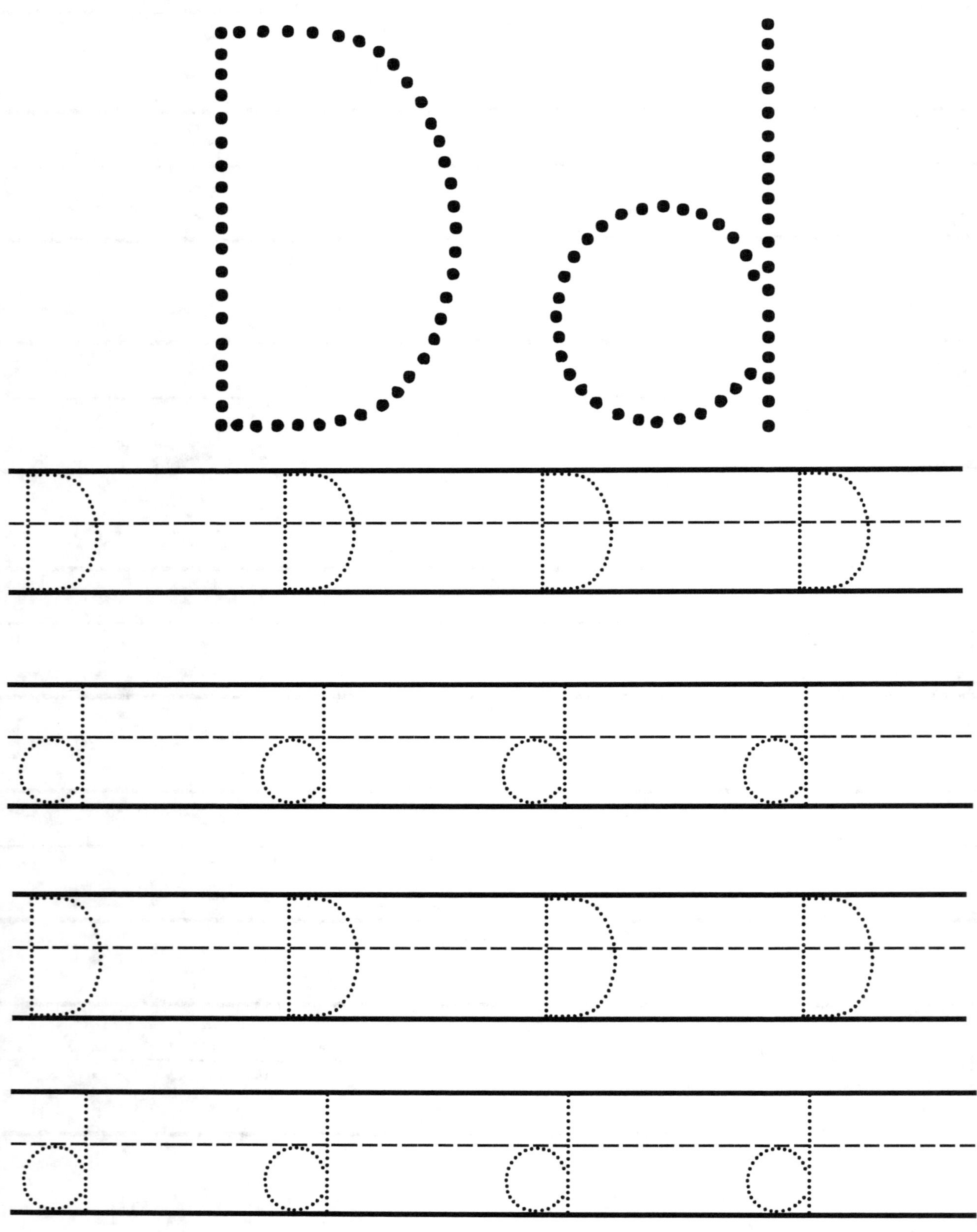

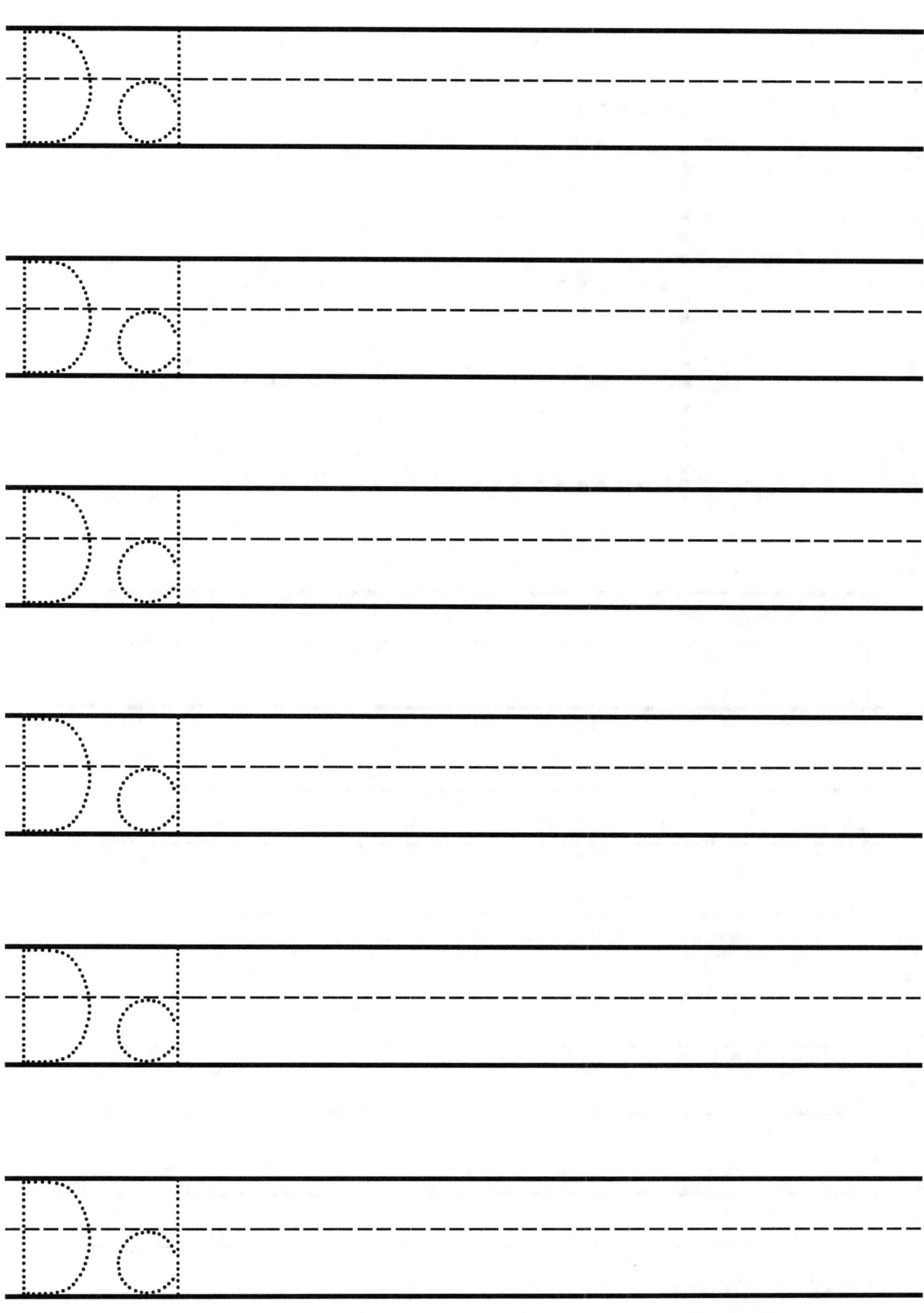

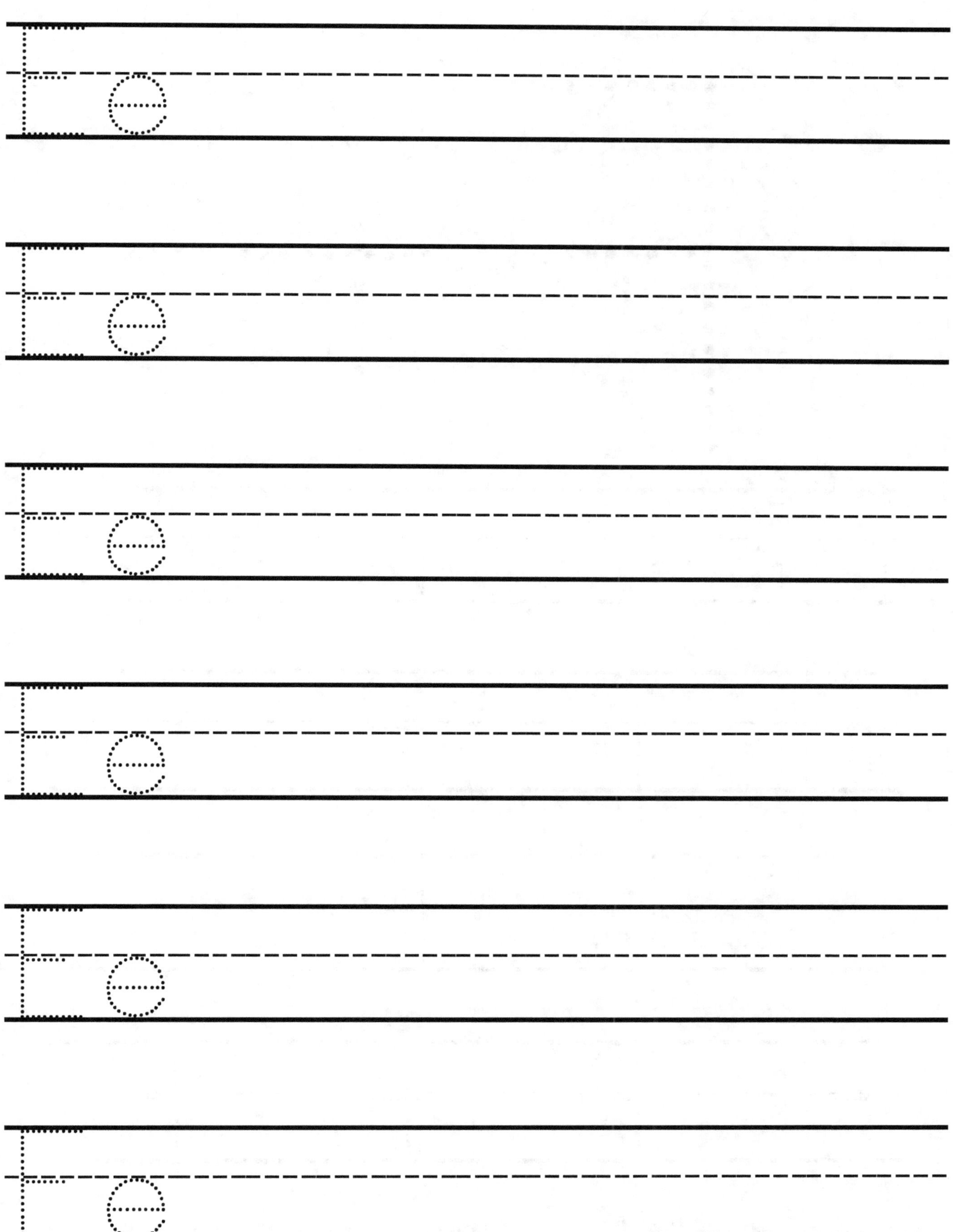

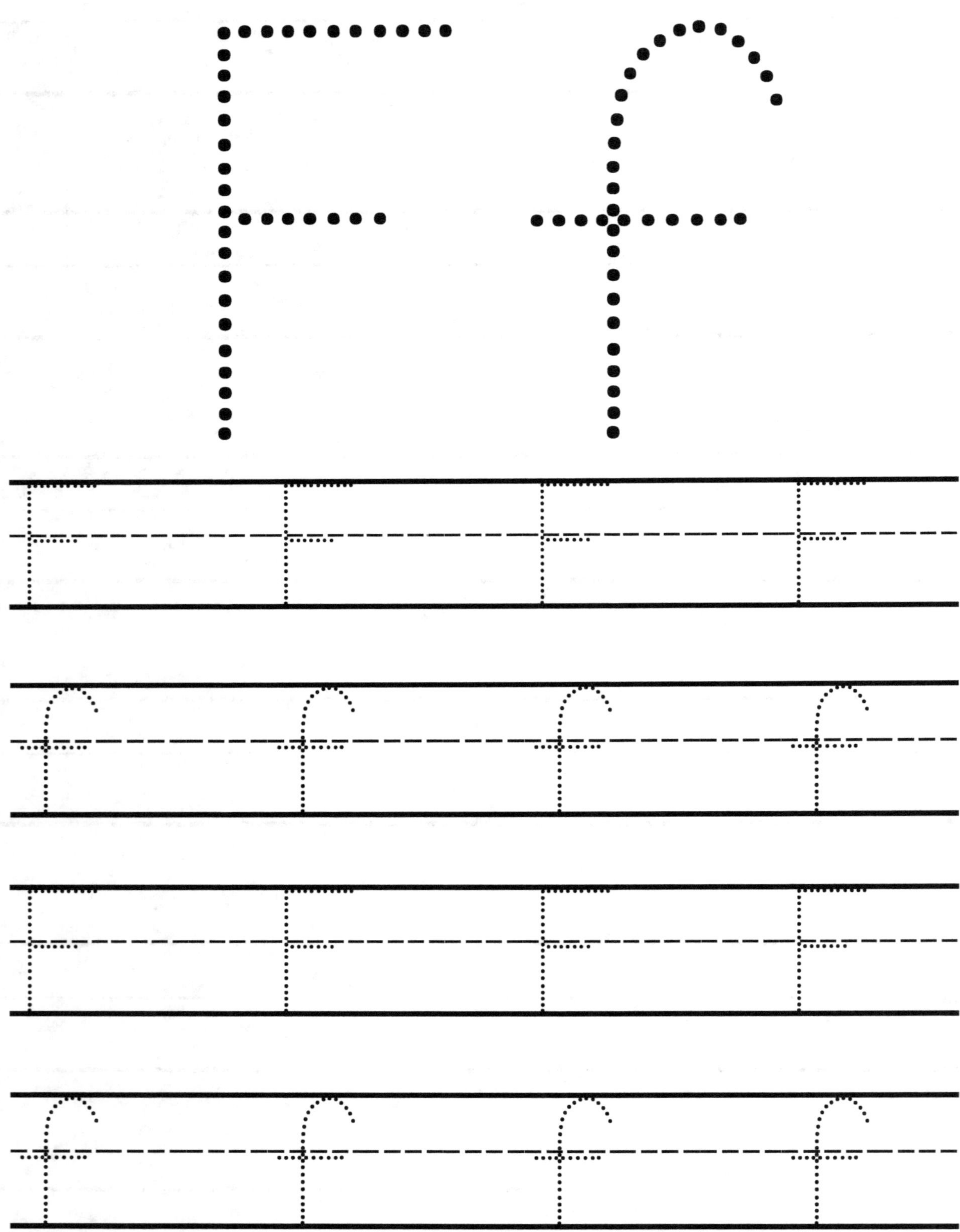

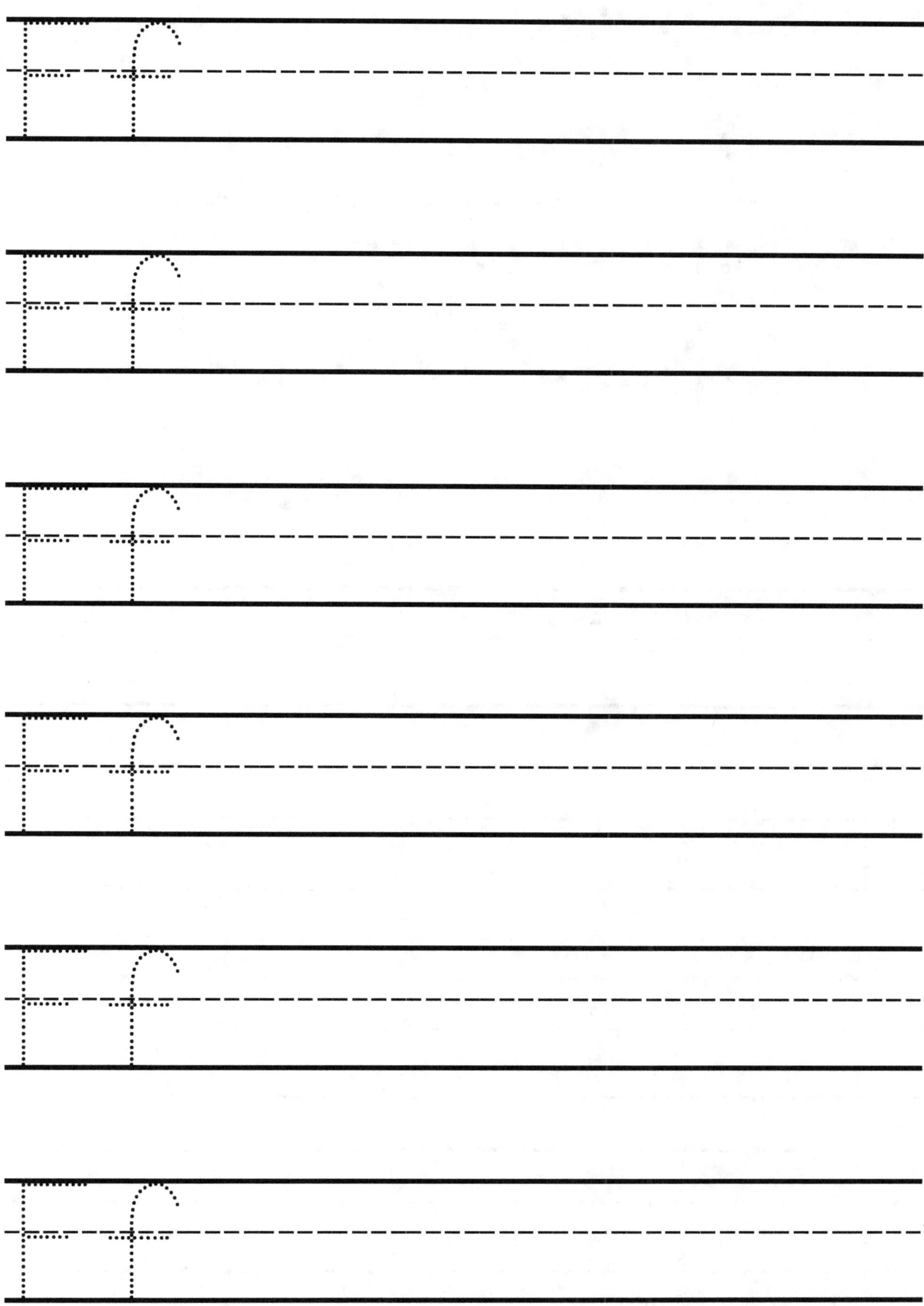

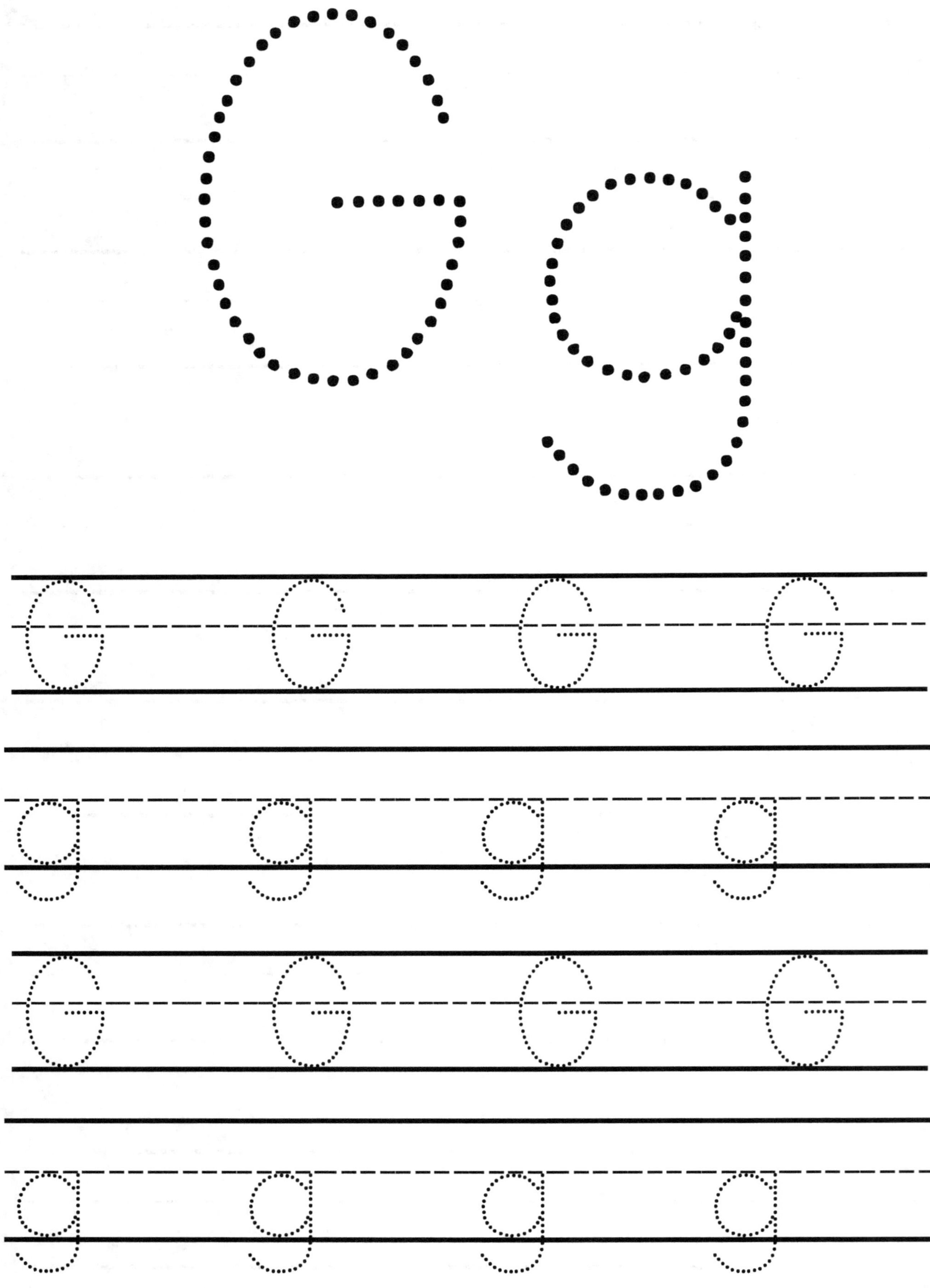

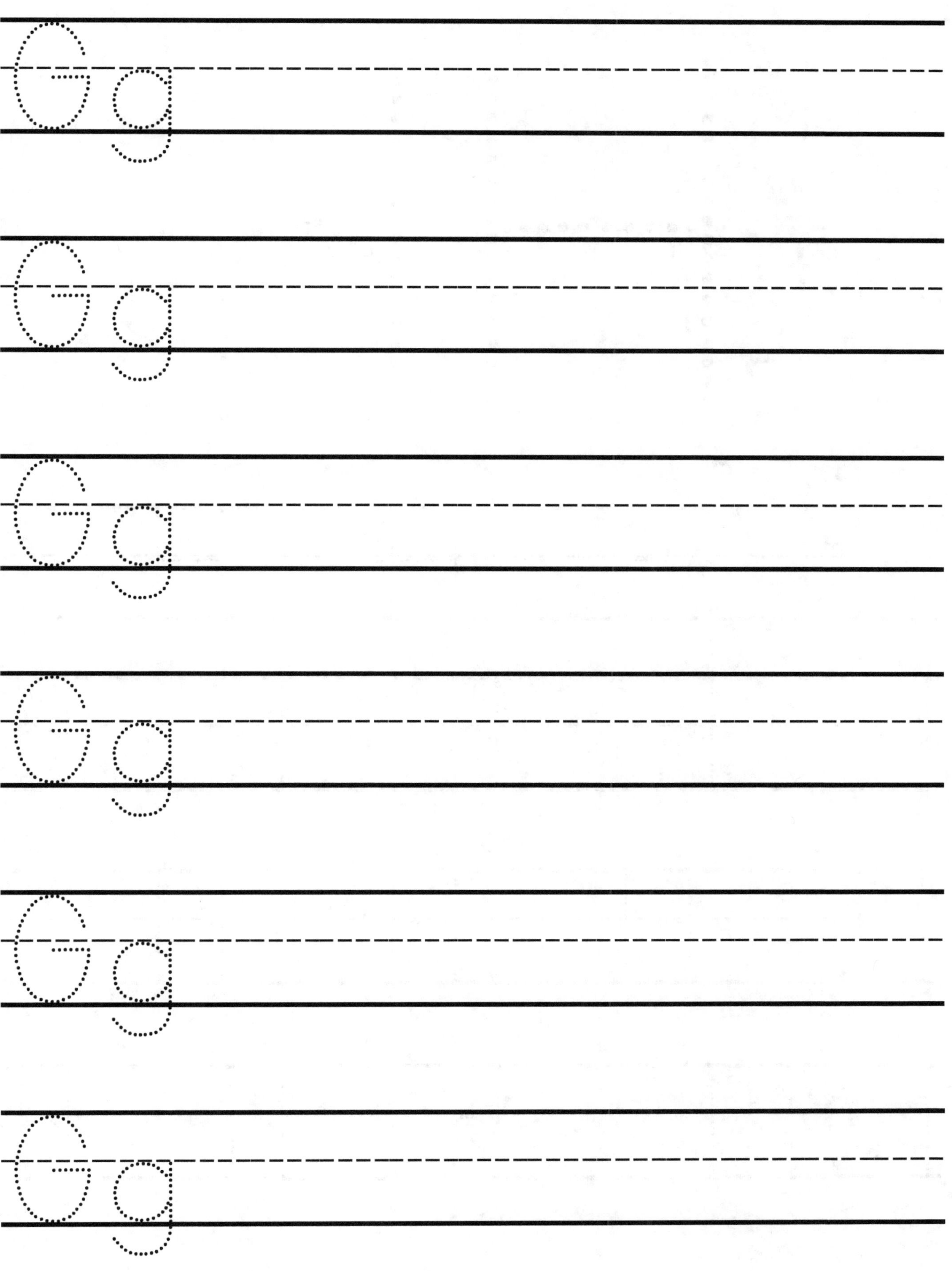

Gg
Gg
Gg
Gg
Gg
Gg

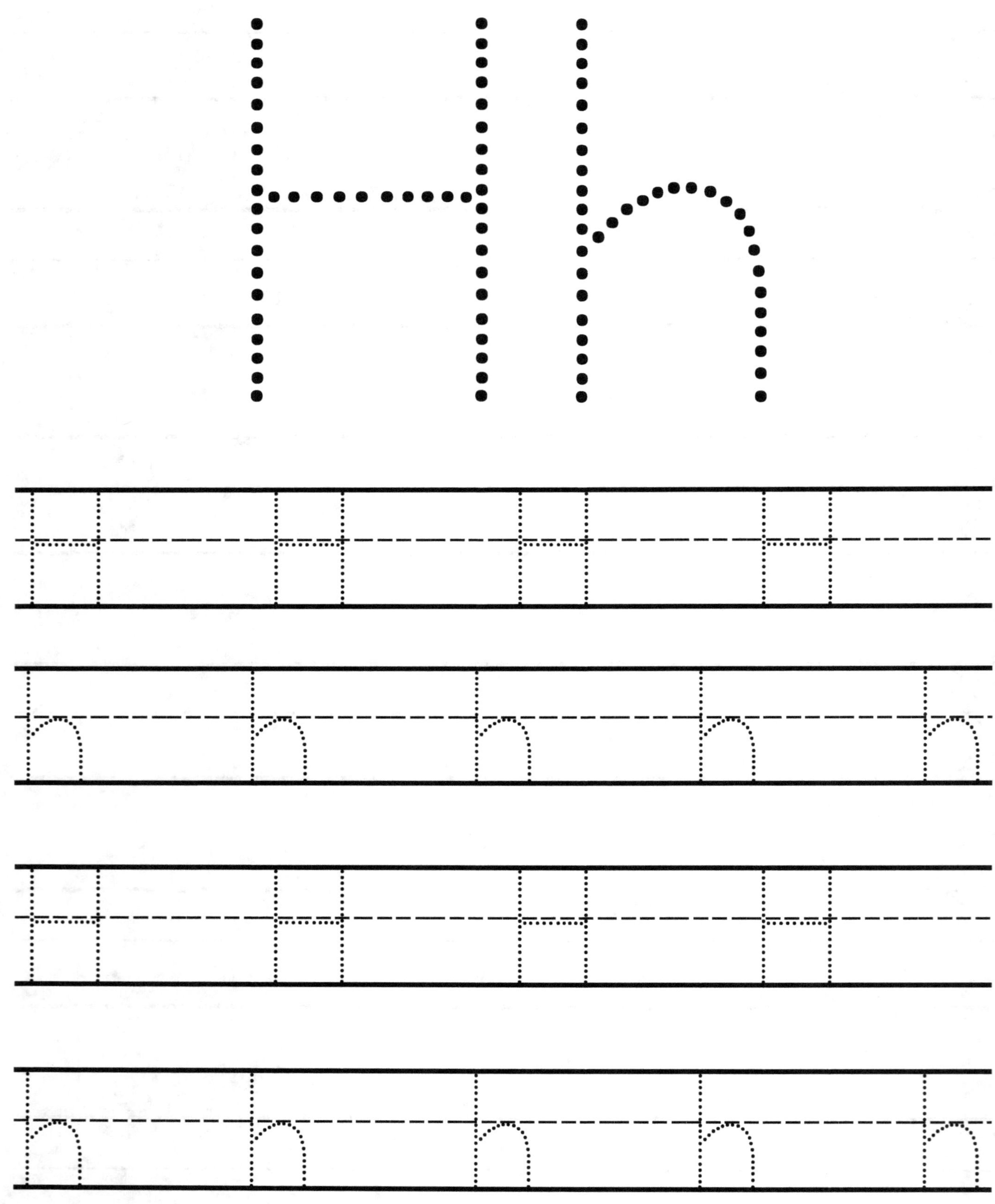

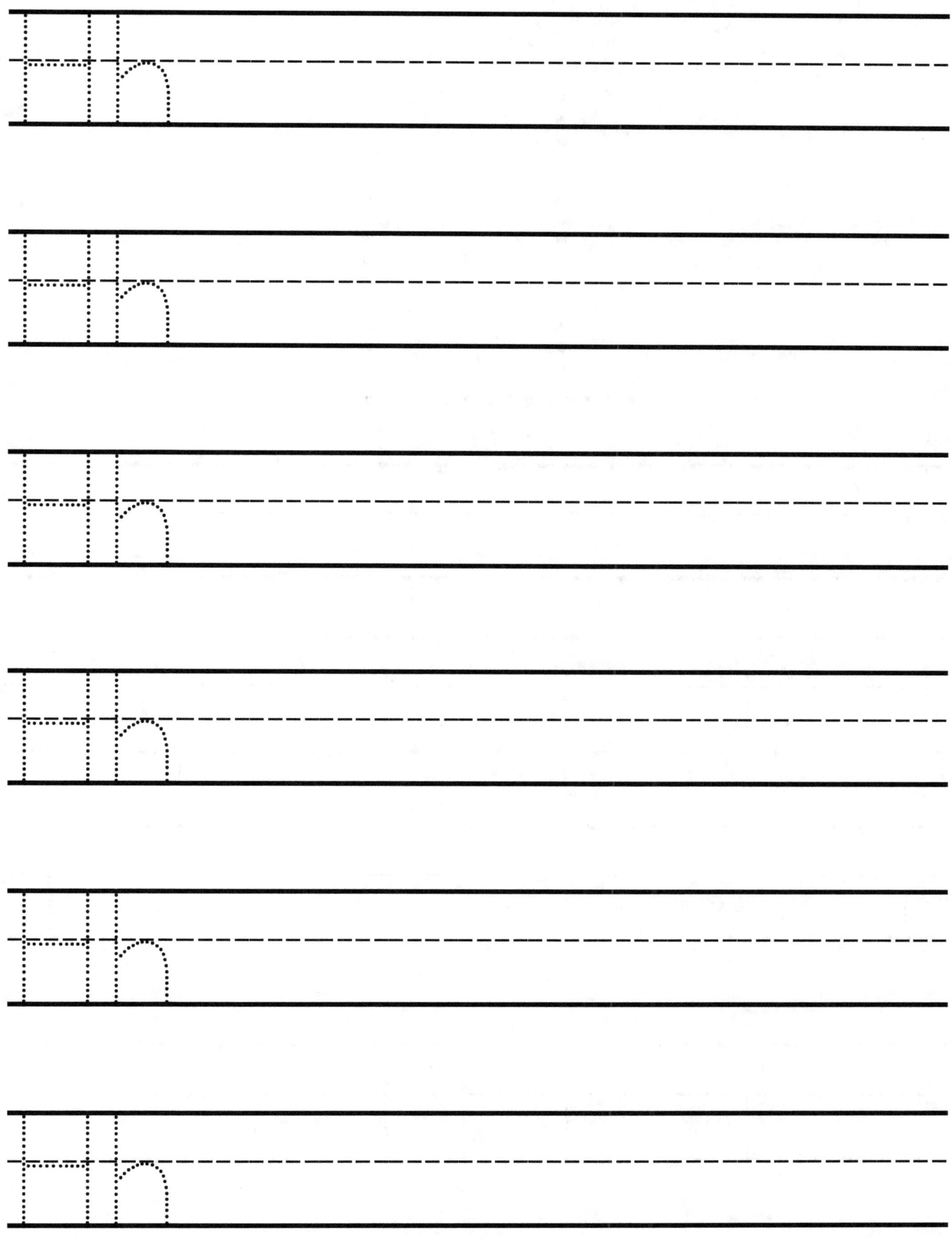

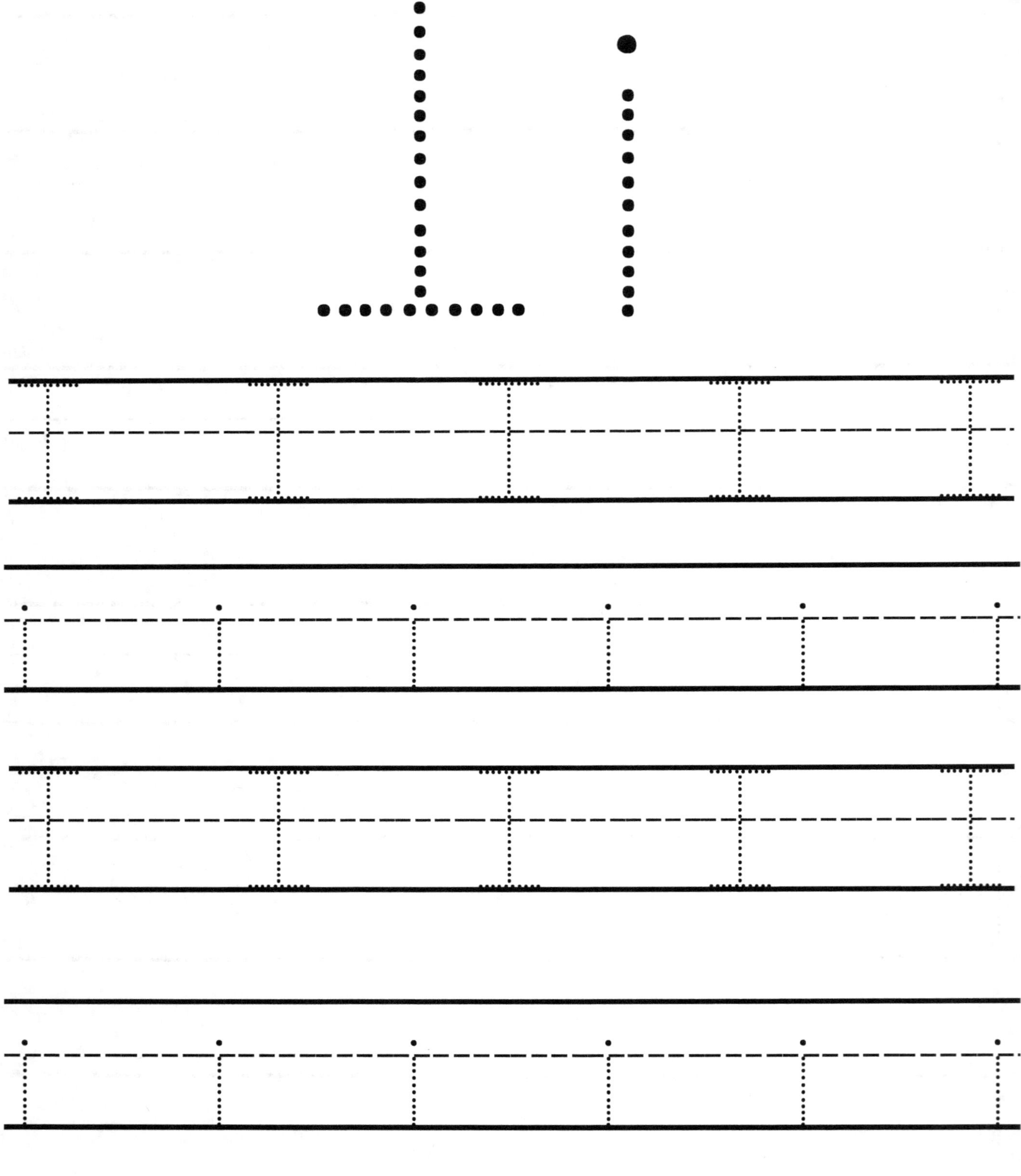

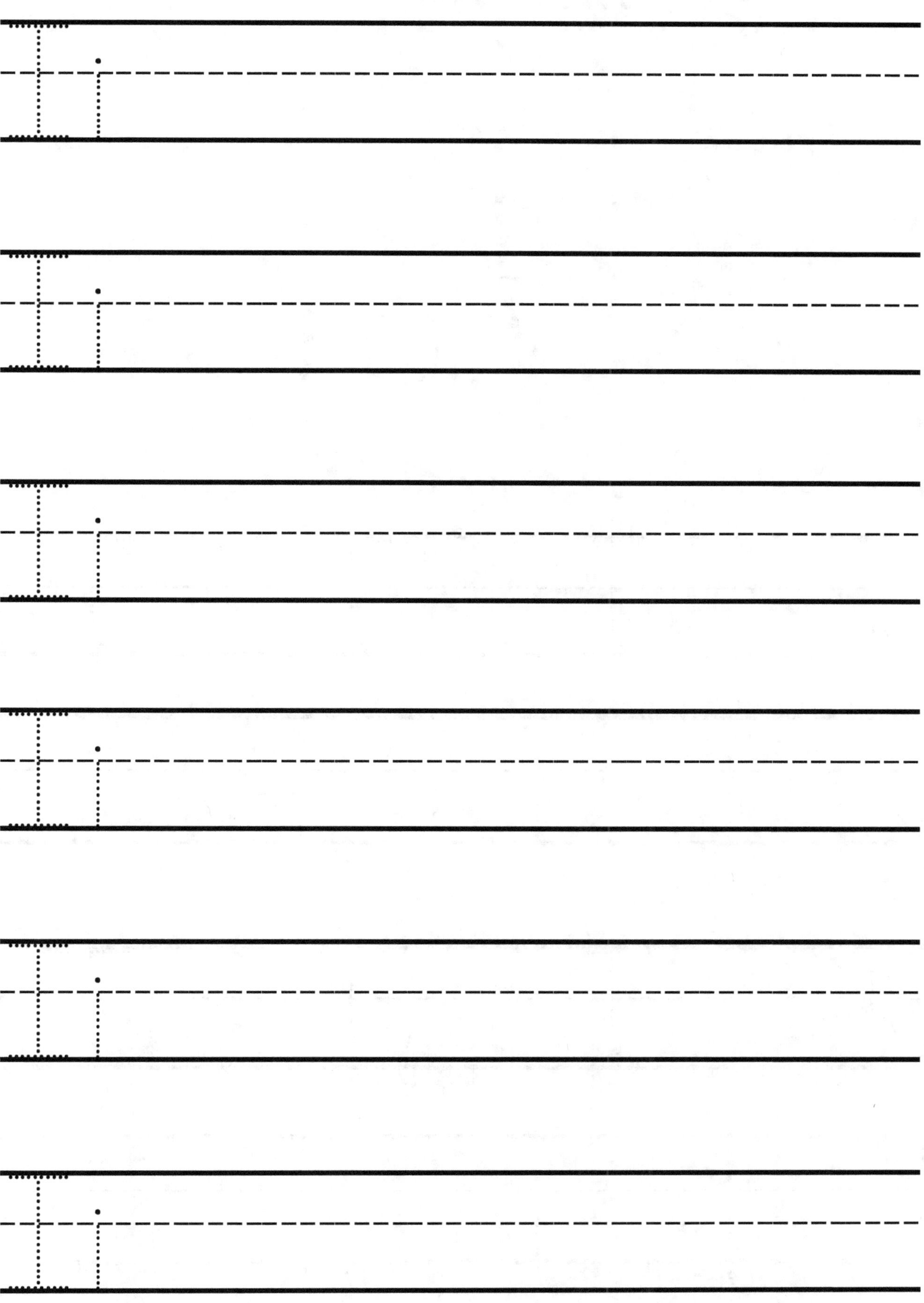

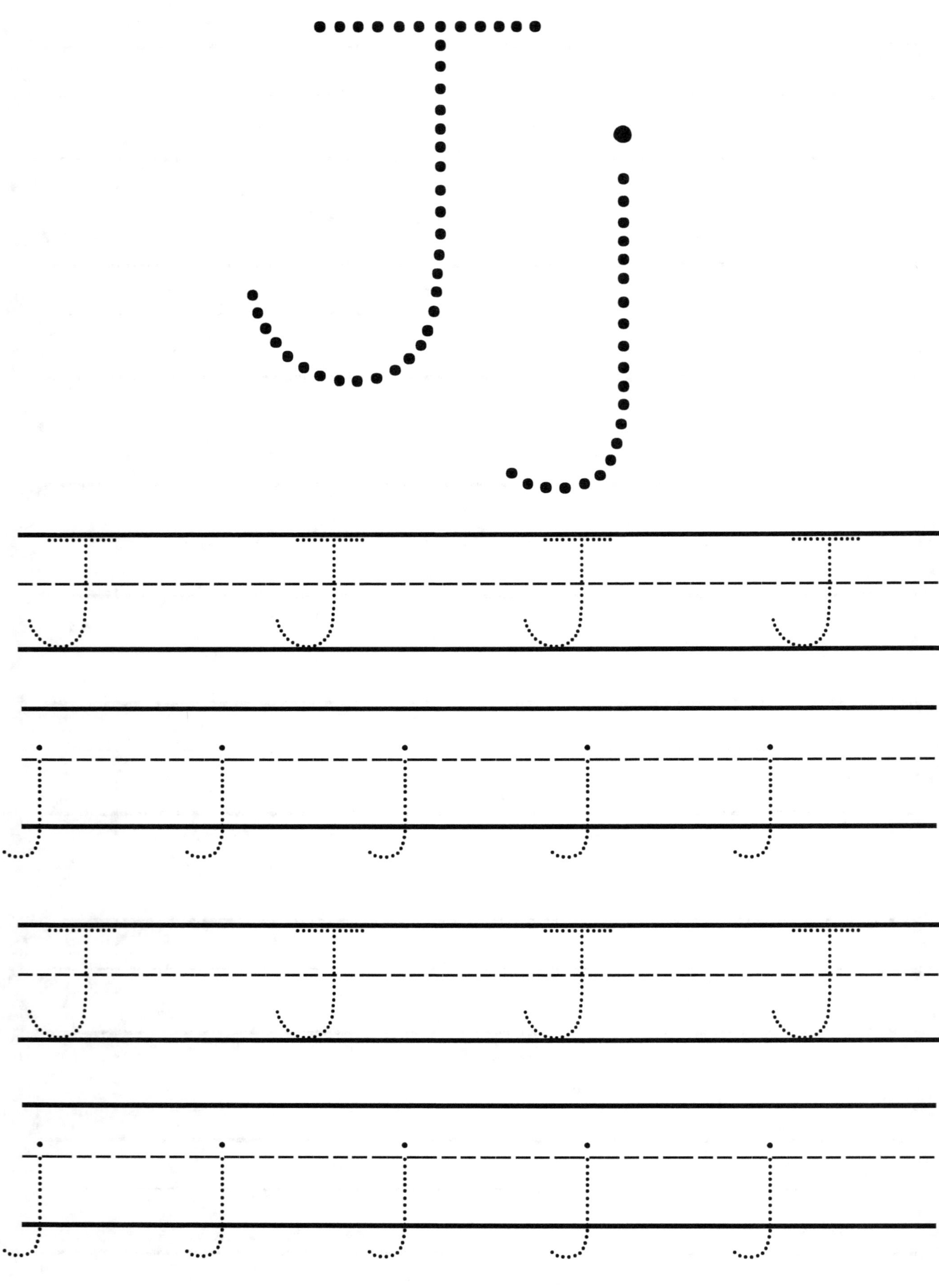

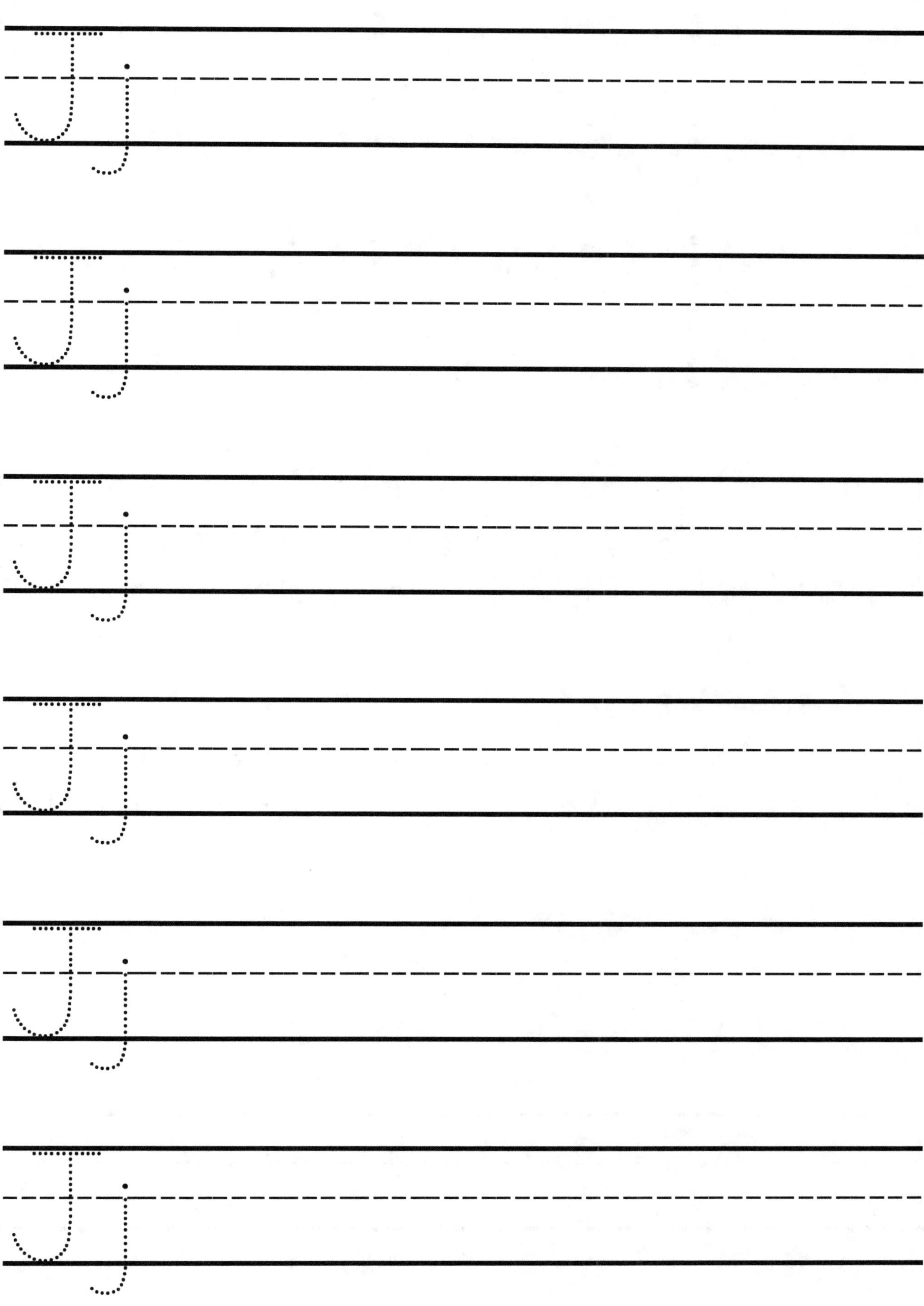

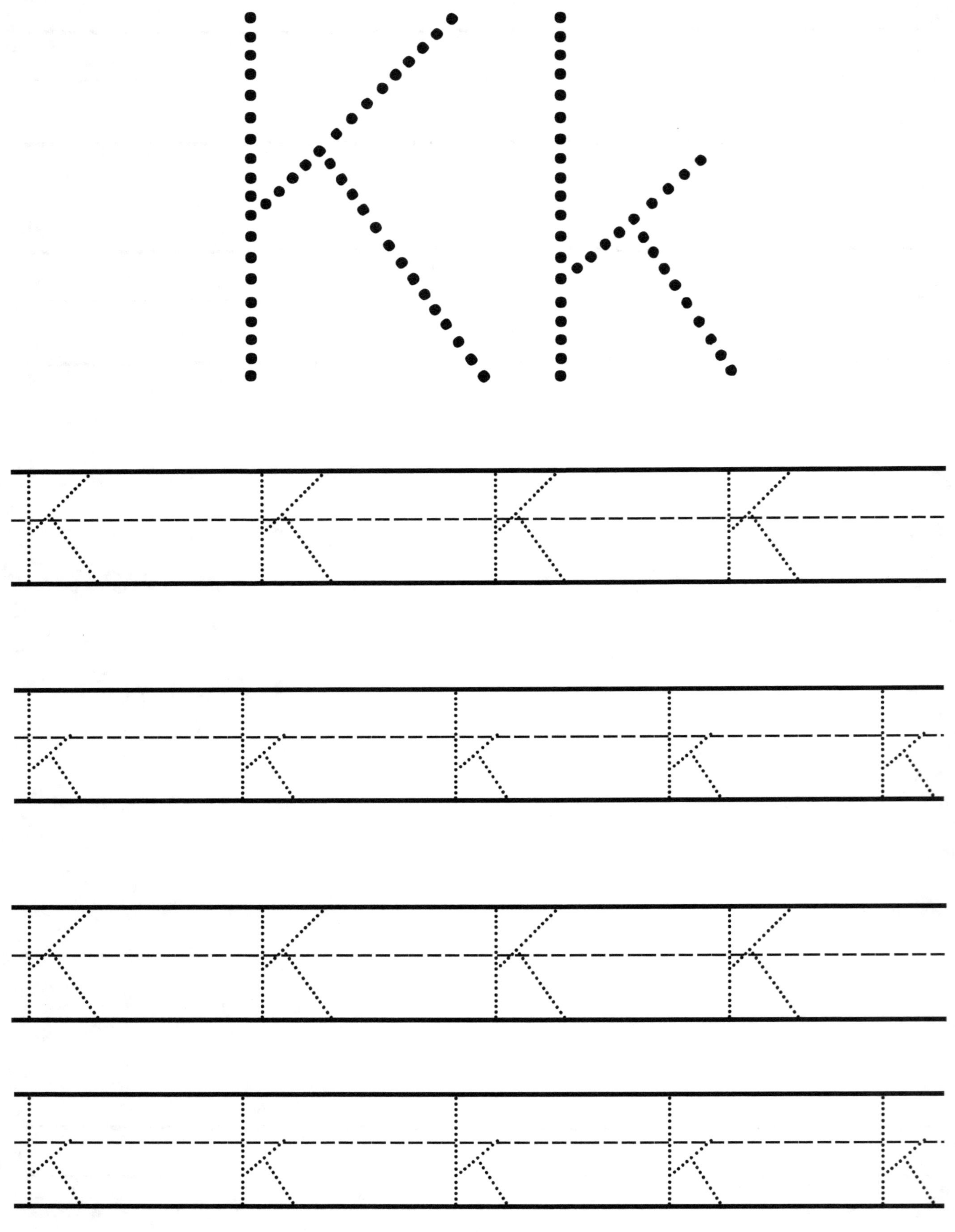

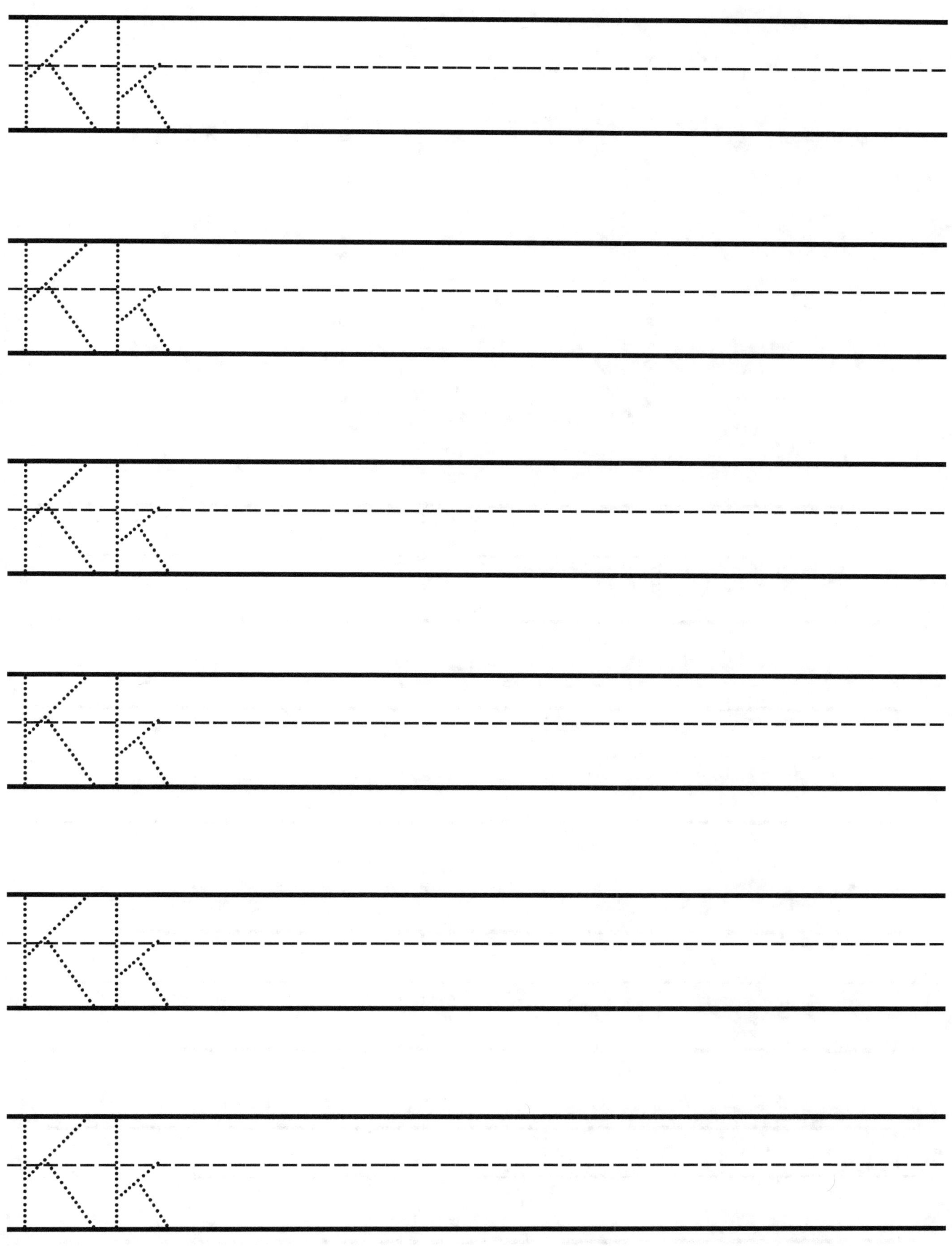

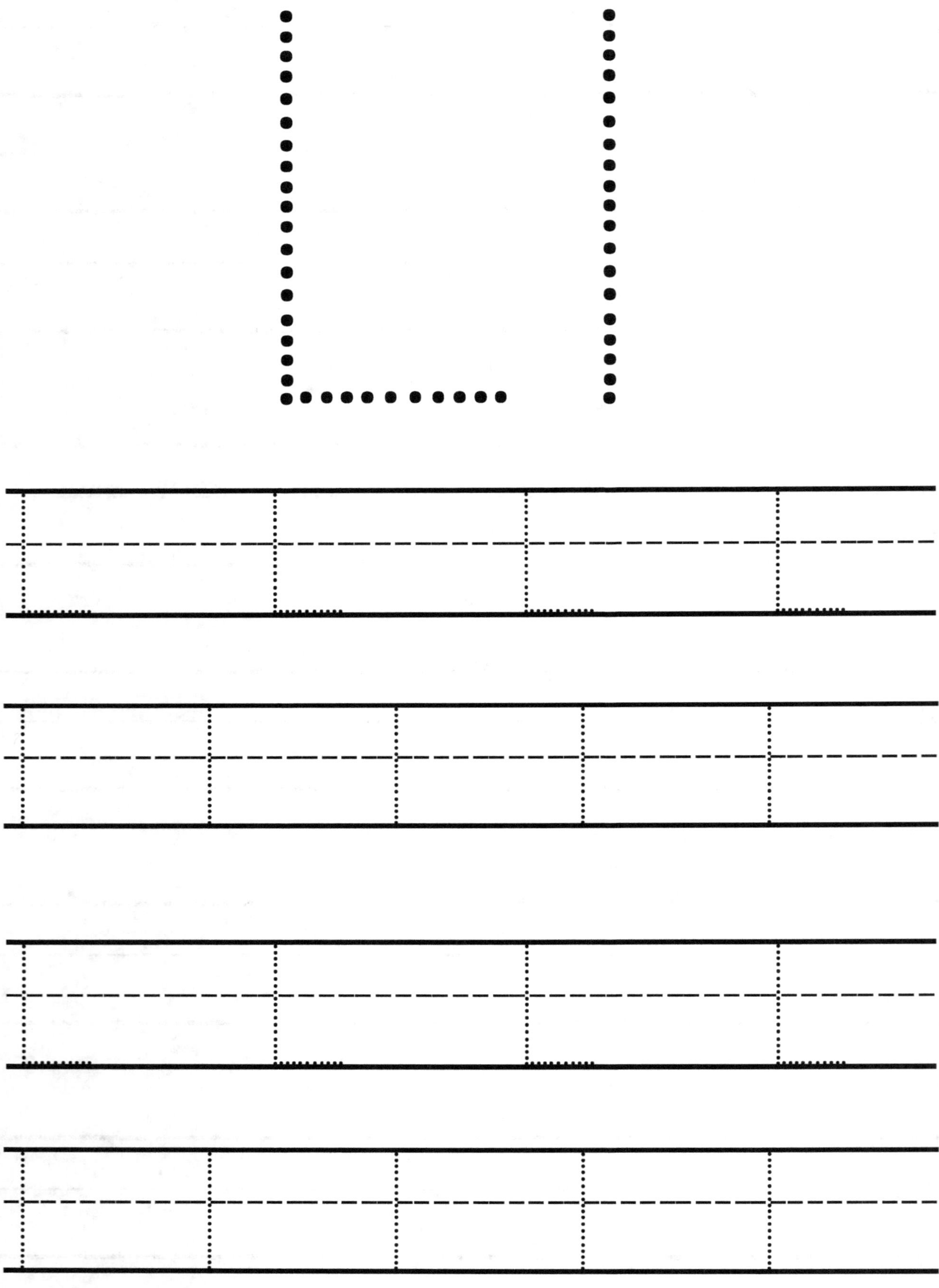

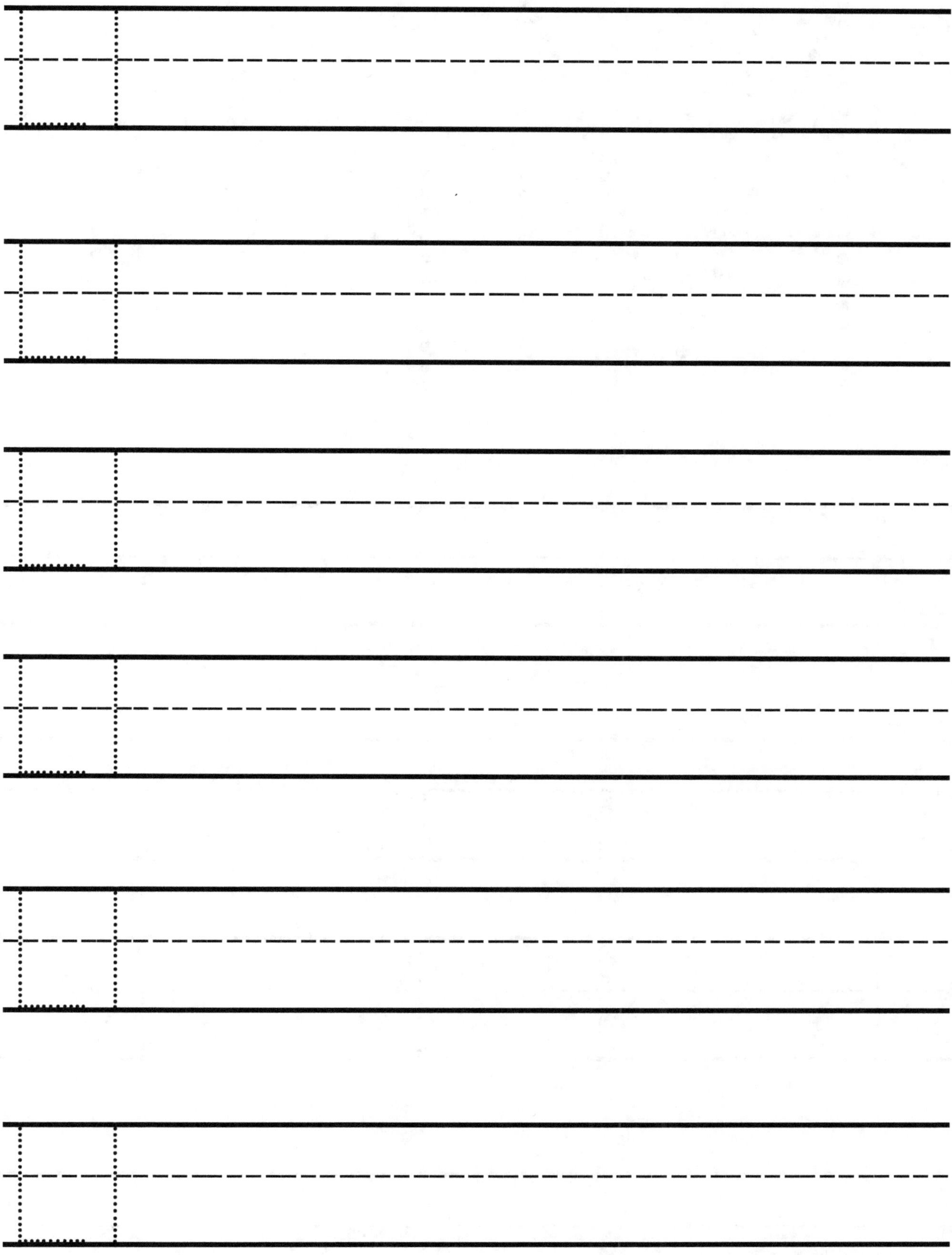

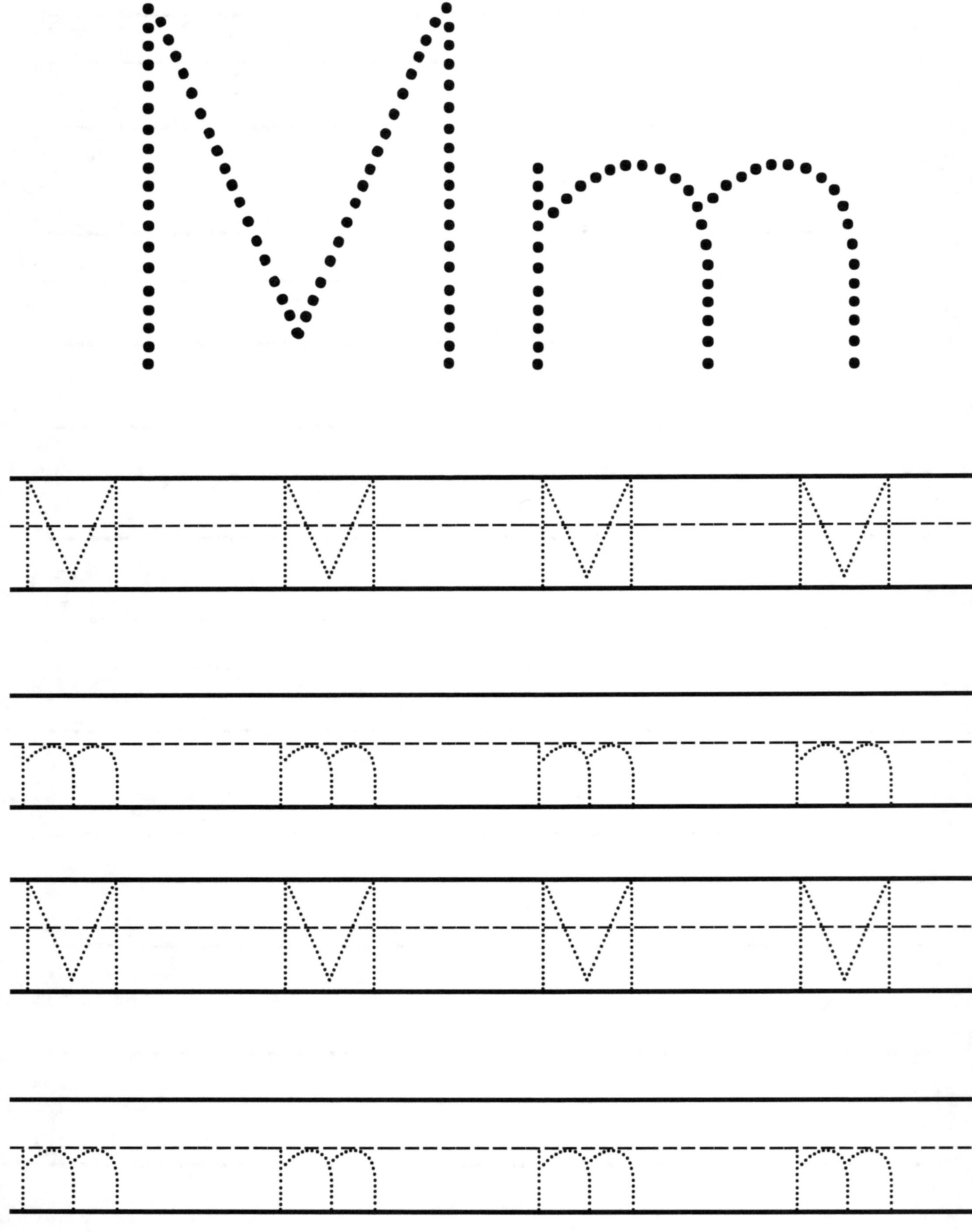

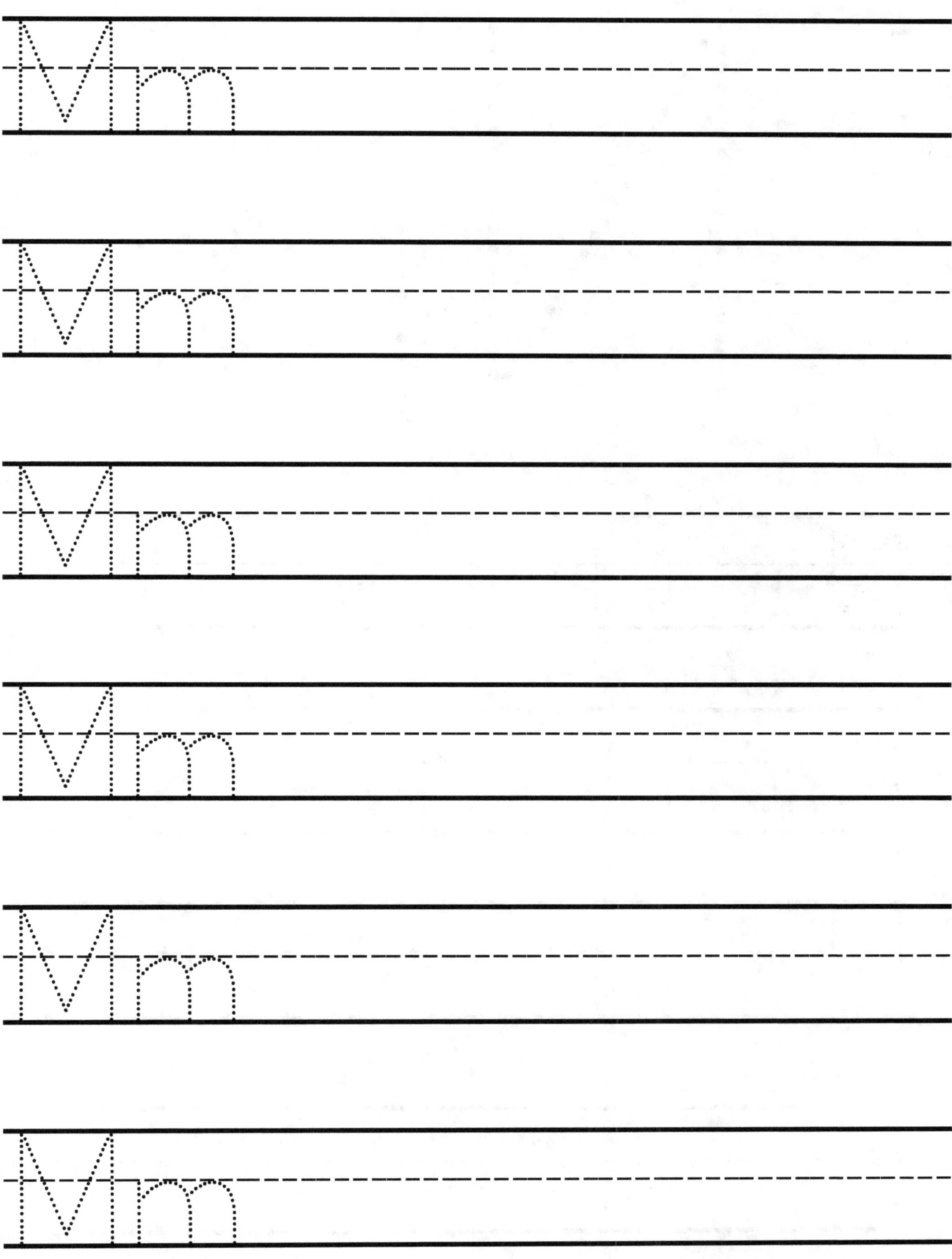
Mm
Mm
Mm
Mm
Mm
Mm

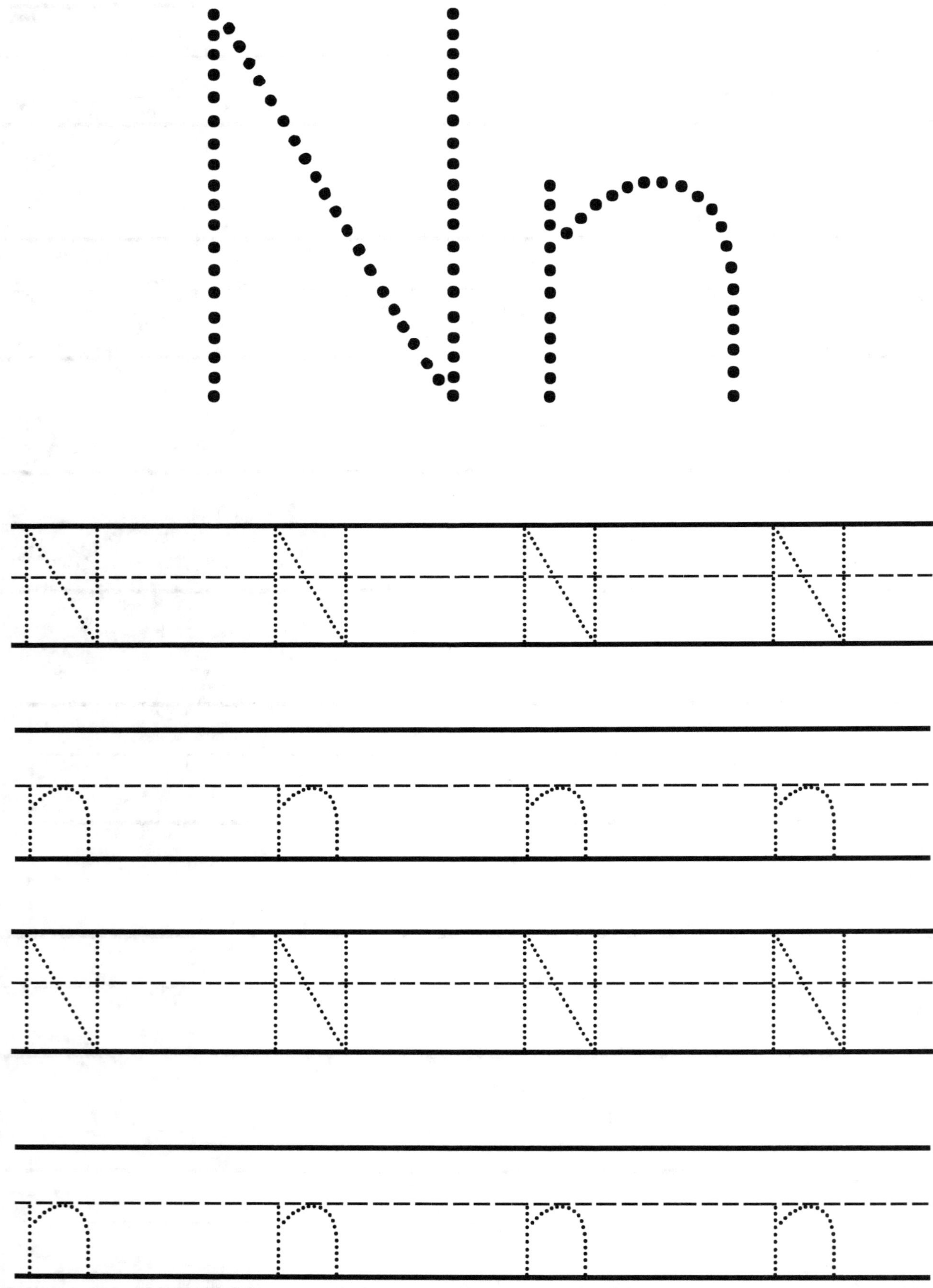

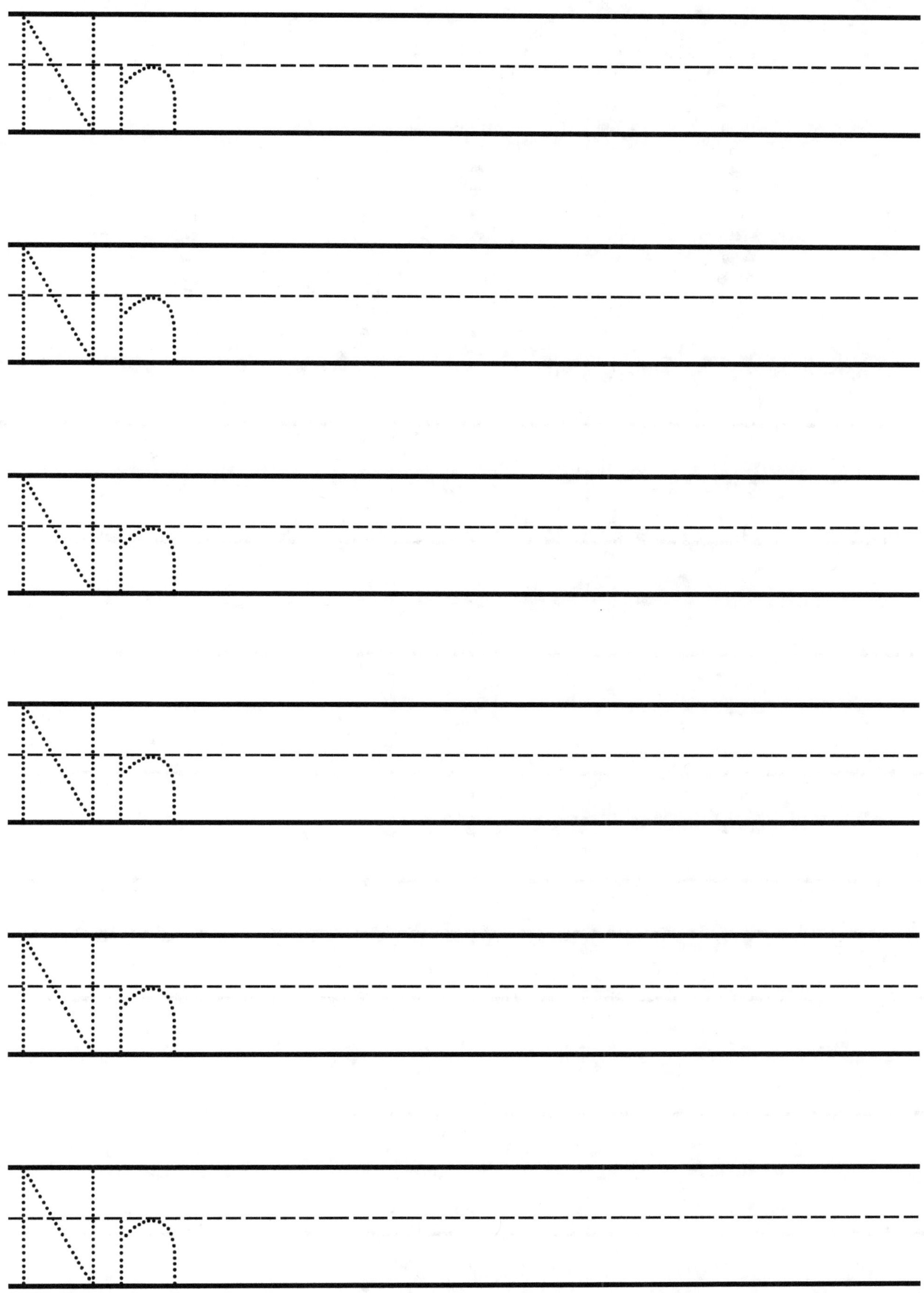

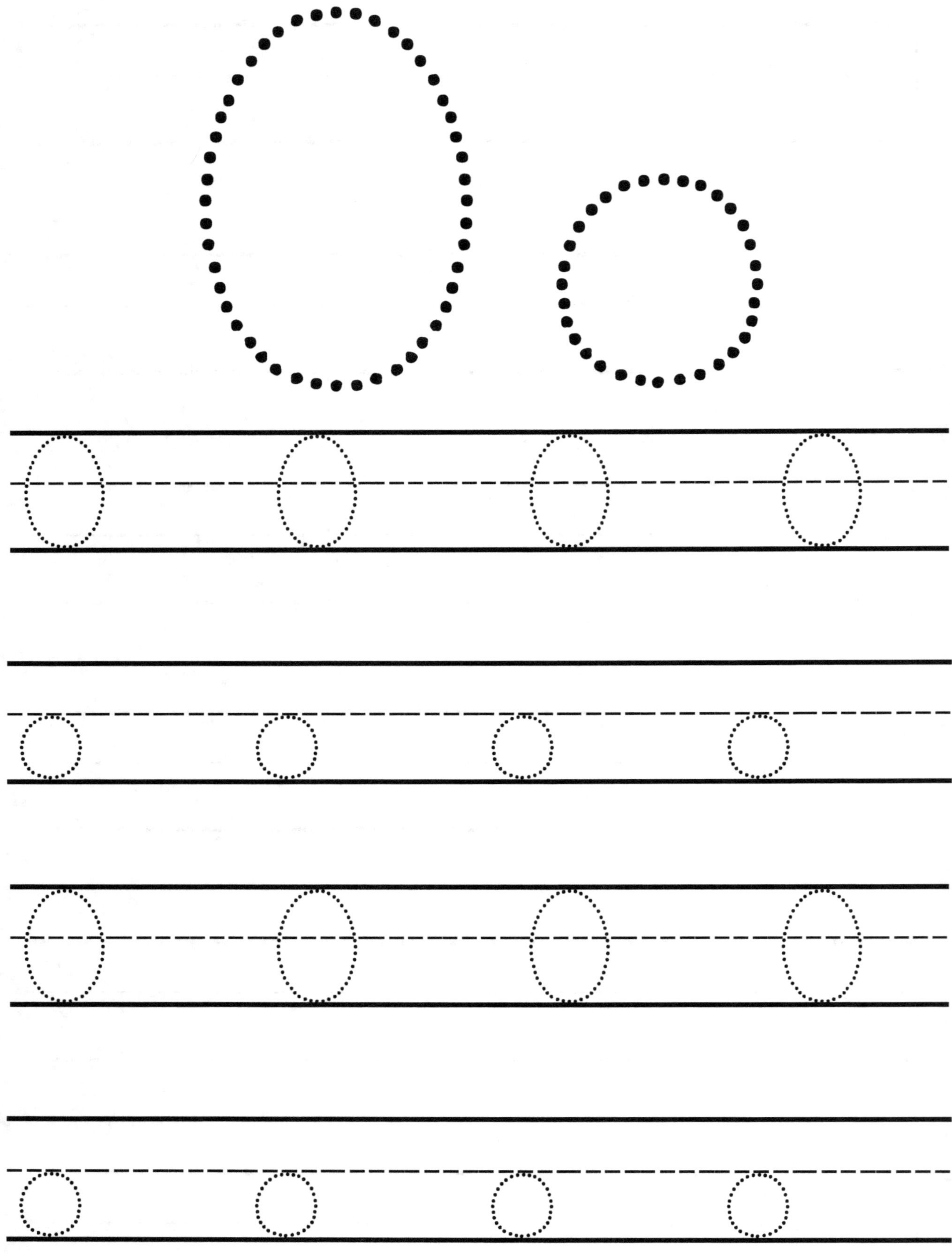

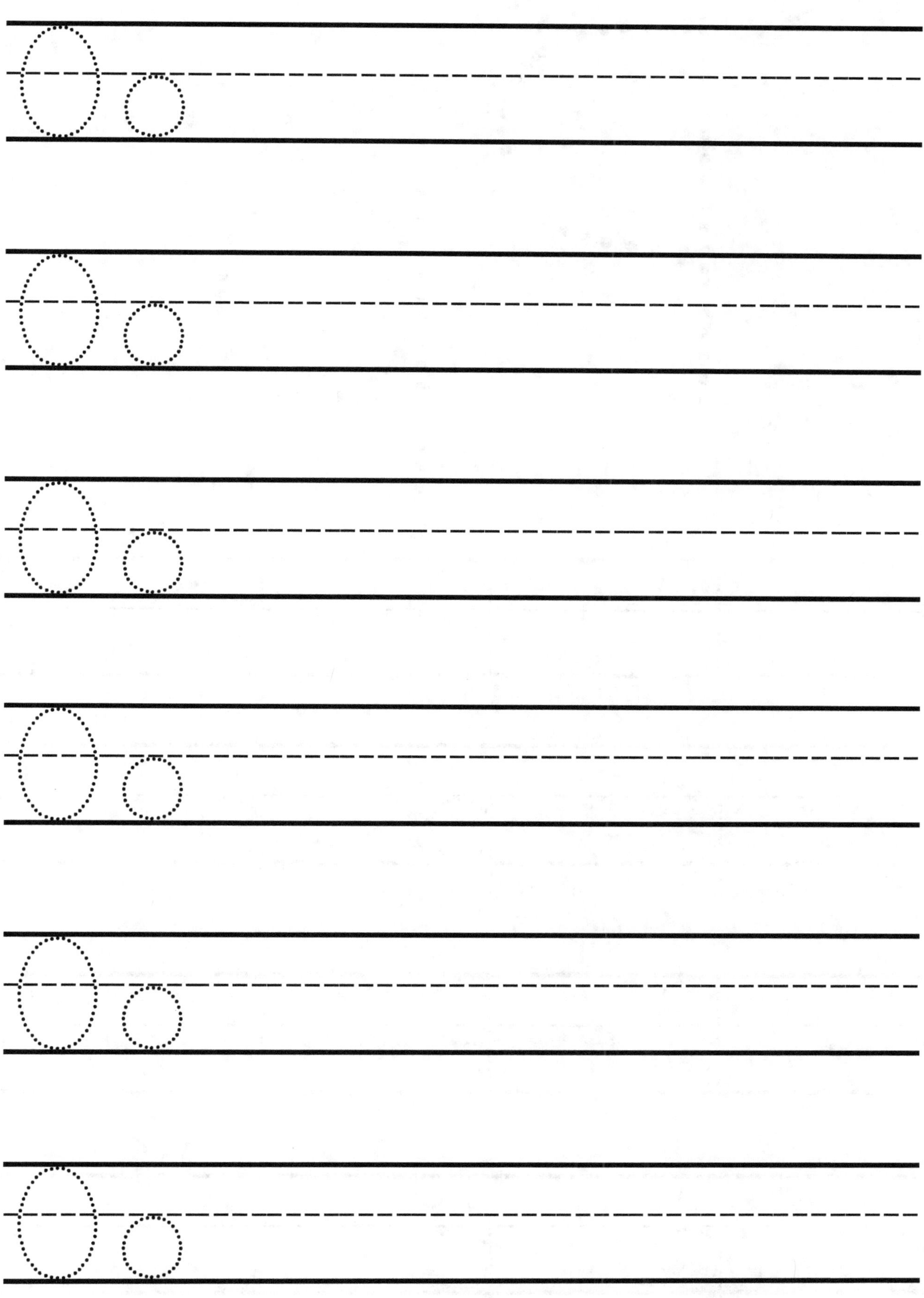

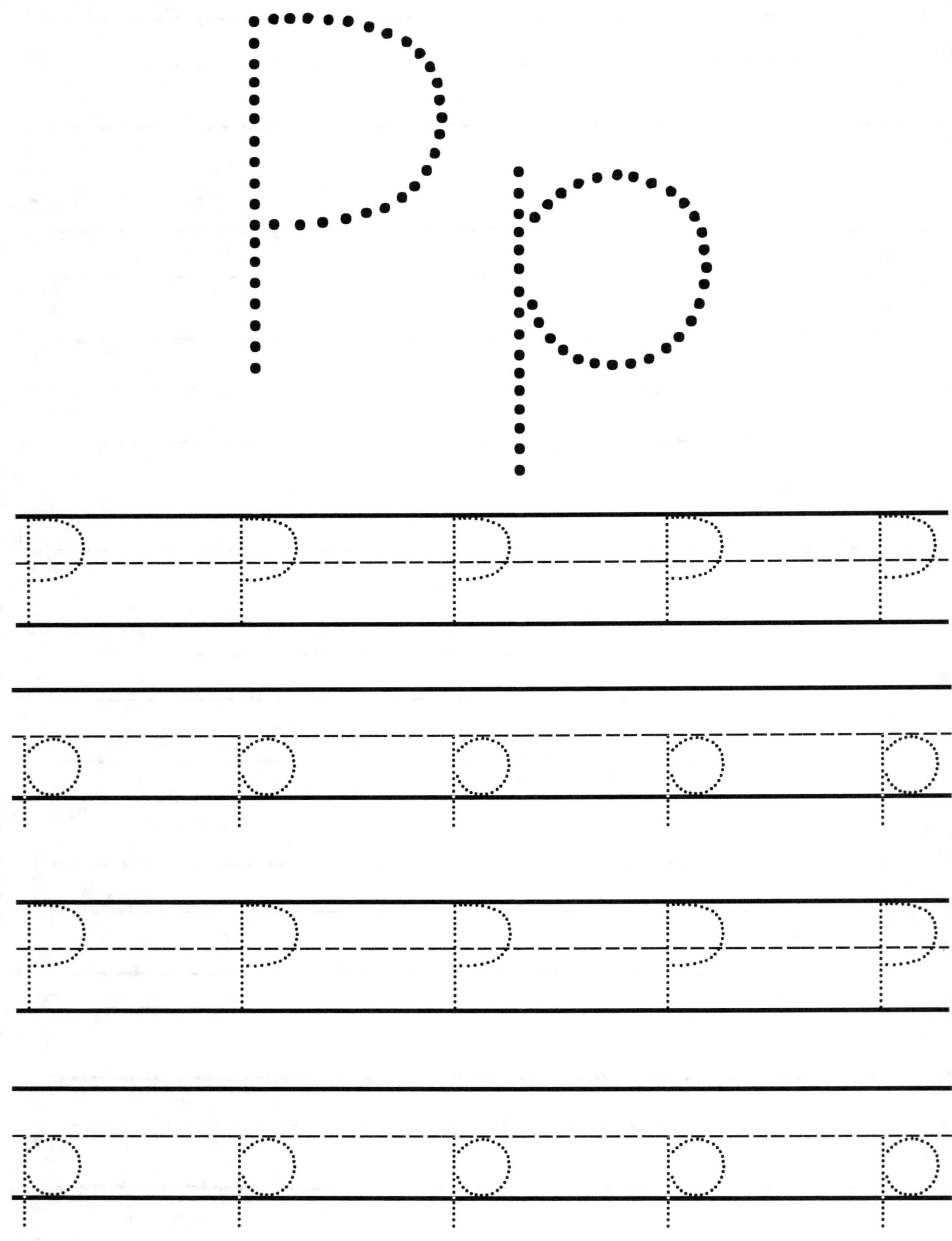

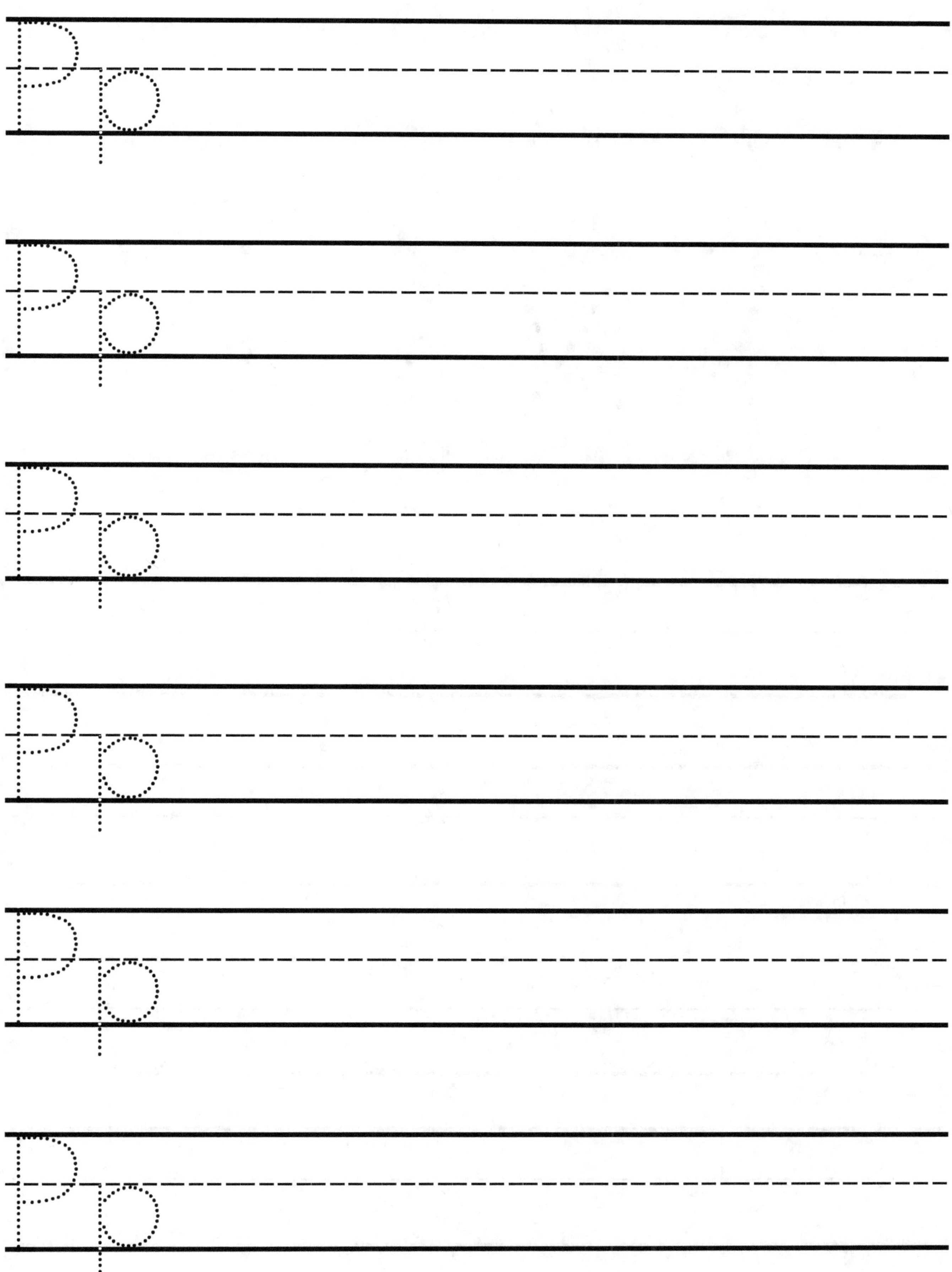
Pp
Pp
Pp
Pp
Pp
Pp

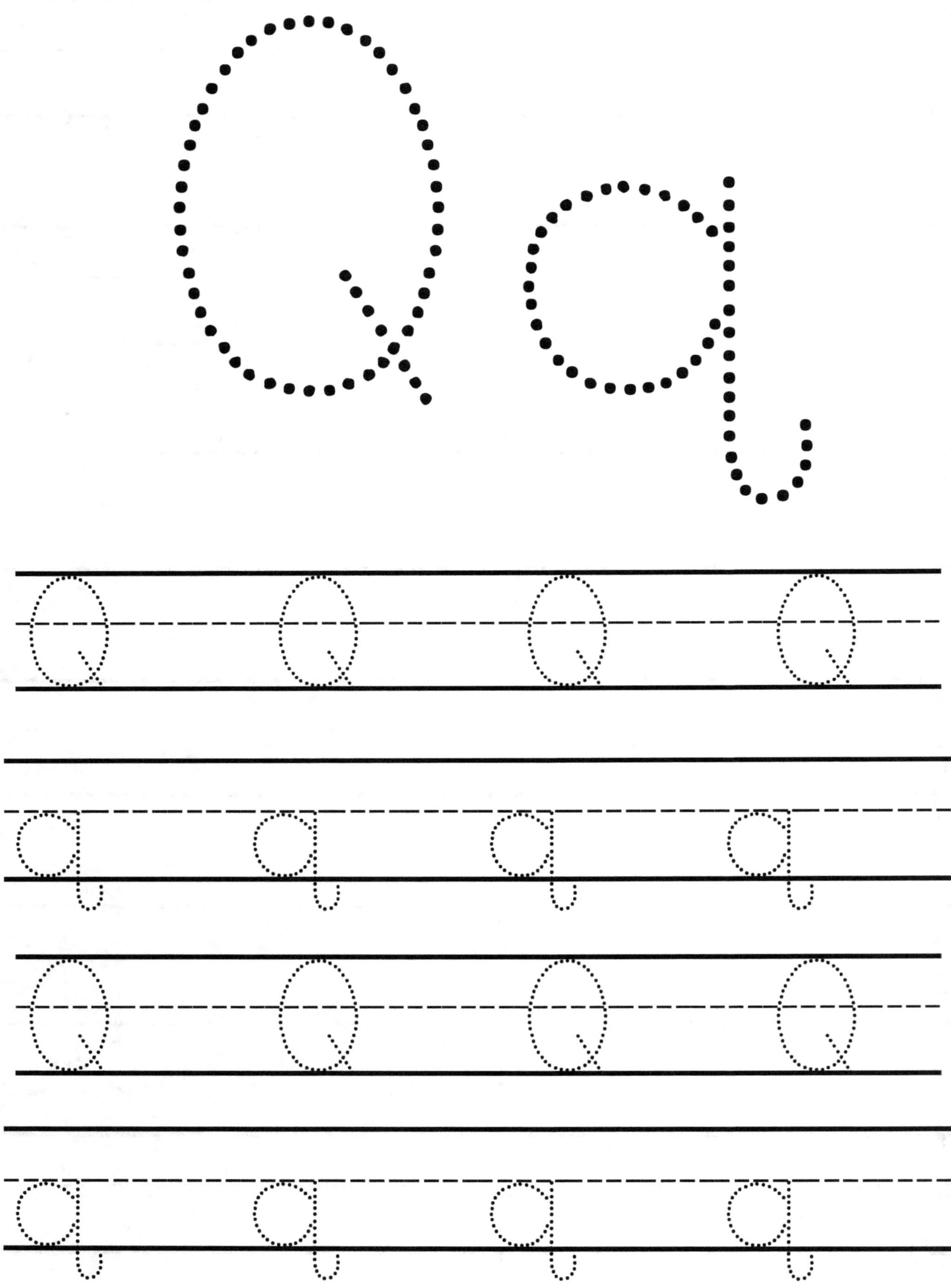

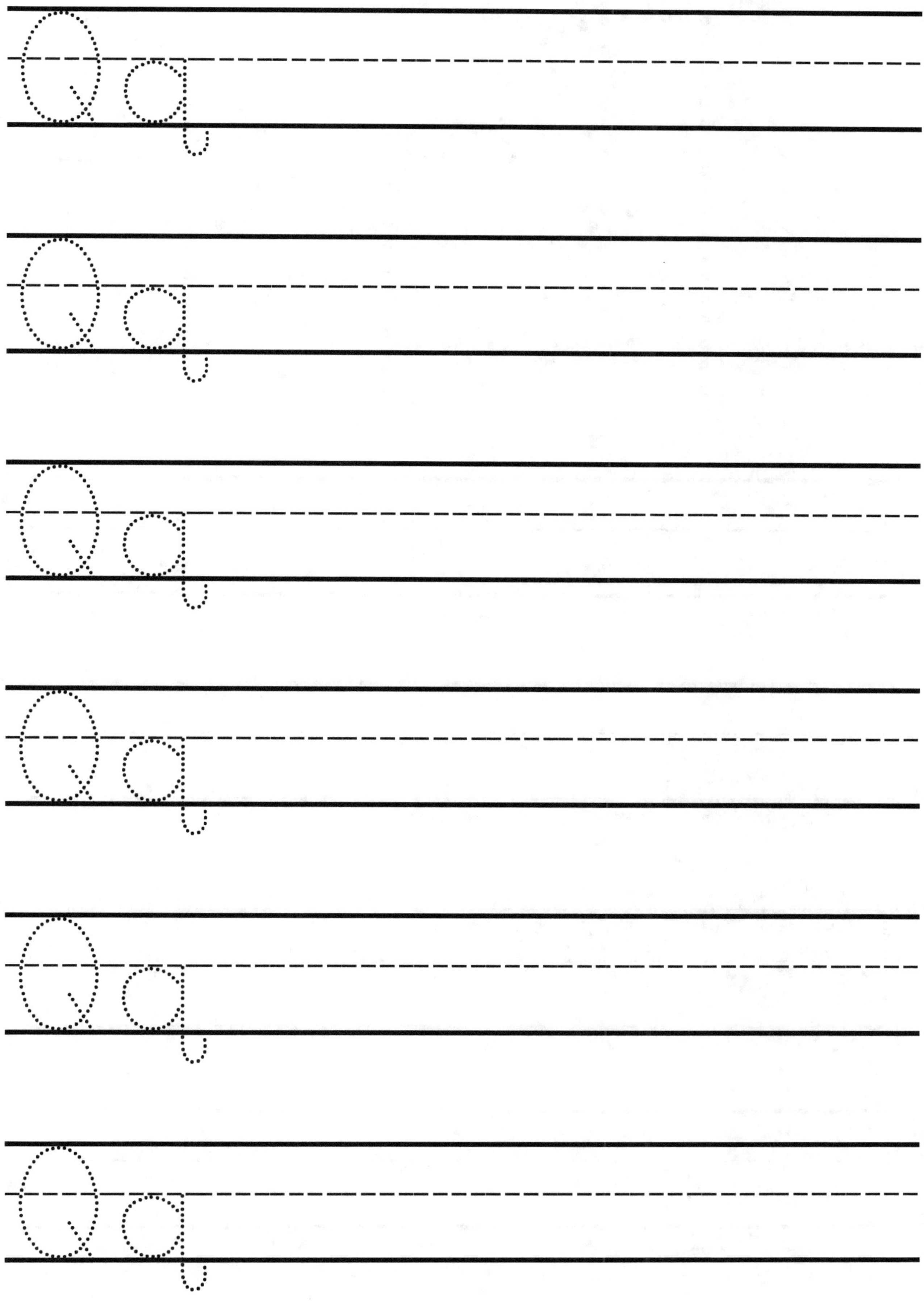
Qq
Qq
Qq
Qq
Qq
Qq

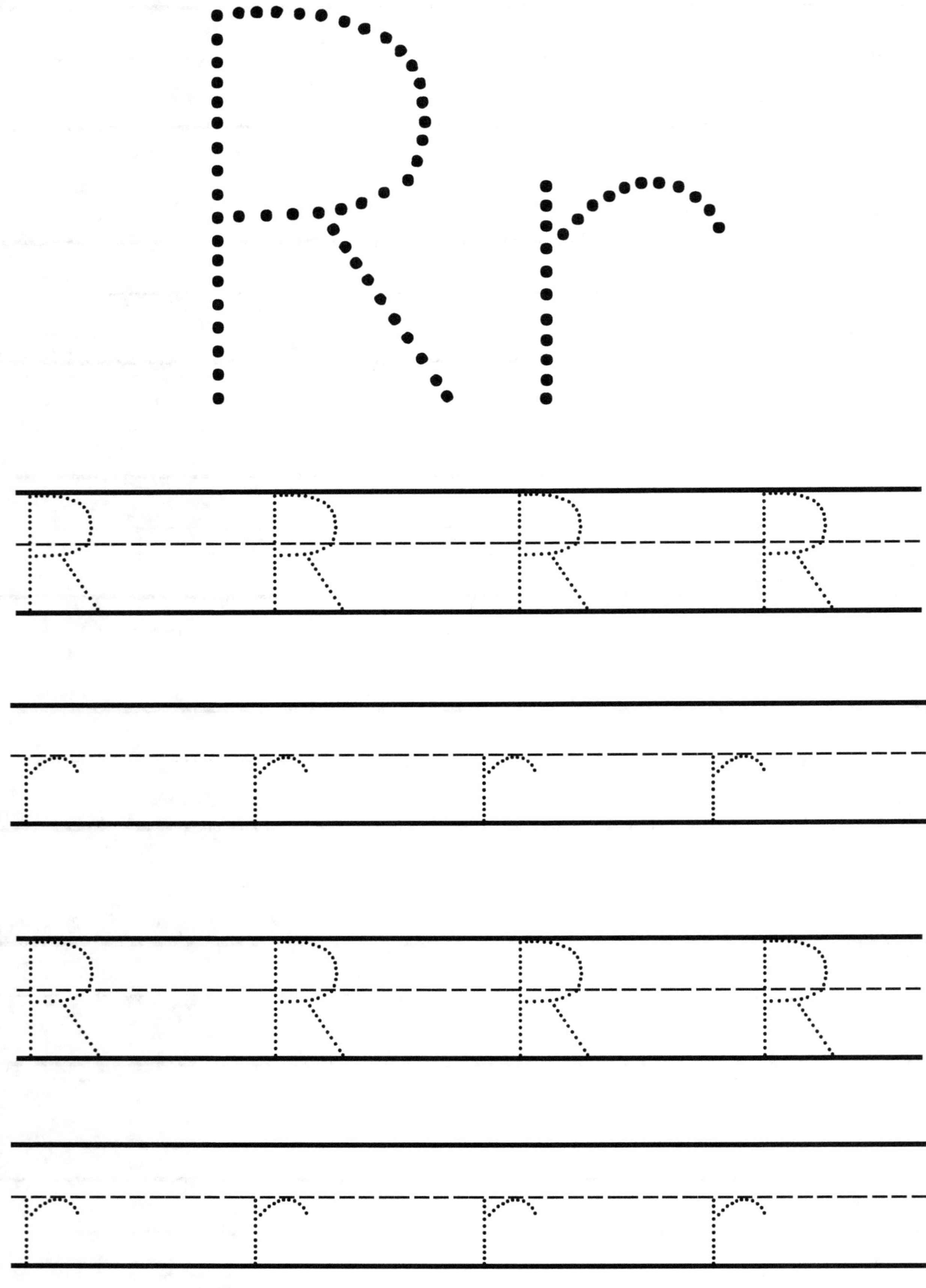

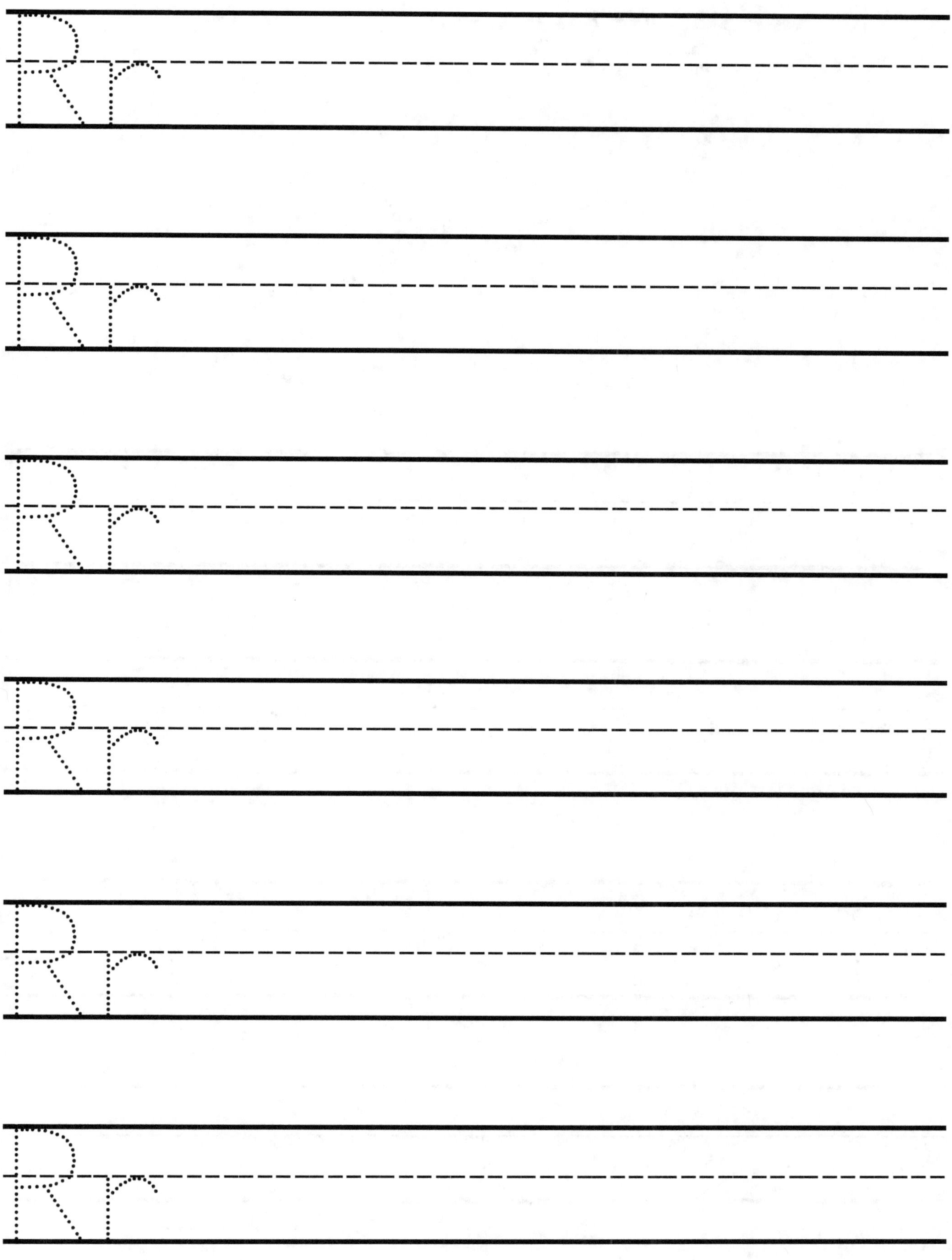
Rr
Rr
Rr
Rr
Rr
Rr

S s

S S S S

s s s s s

S S S S

s s s s s

Ss

Ss

Ss

Ss

Ss

Ss

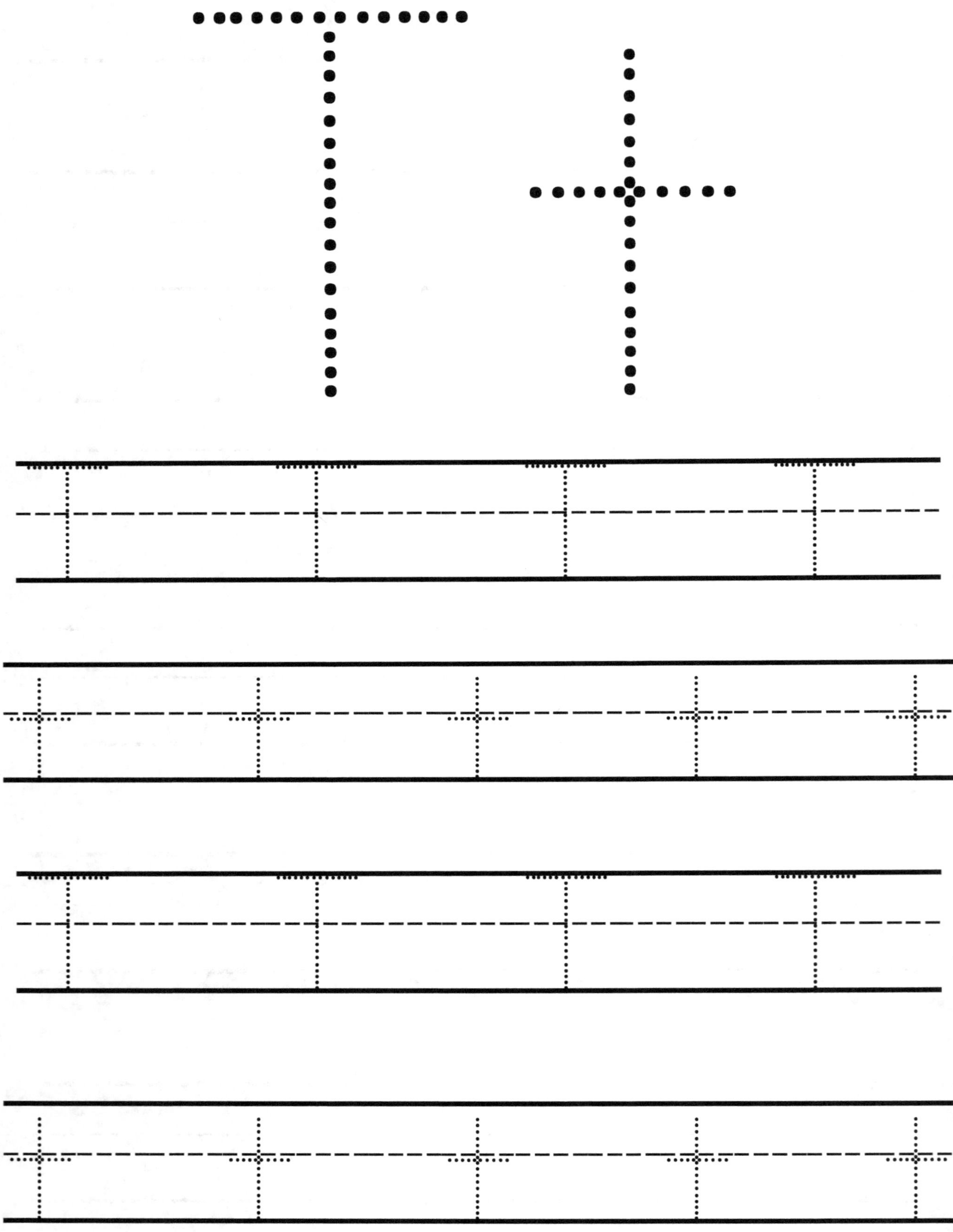

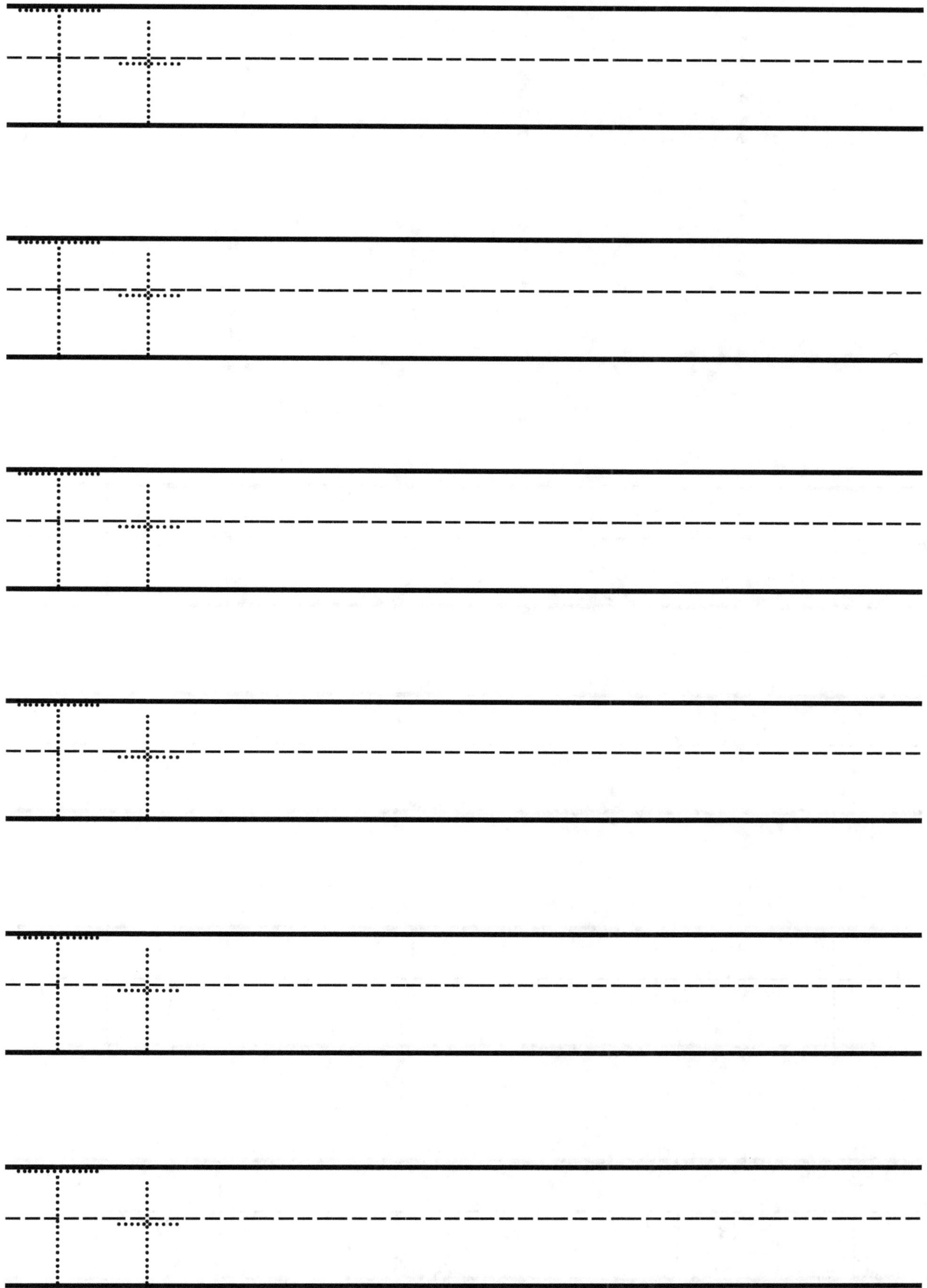

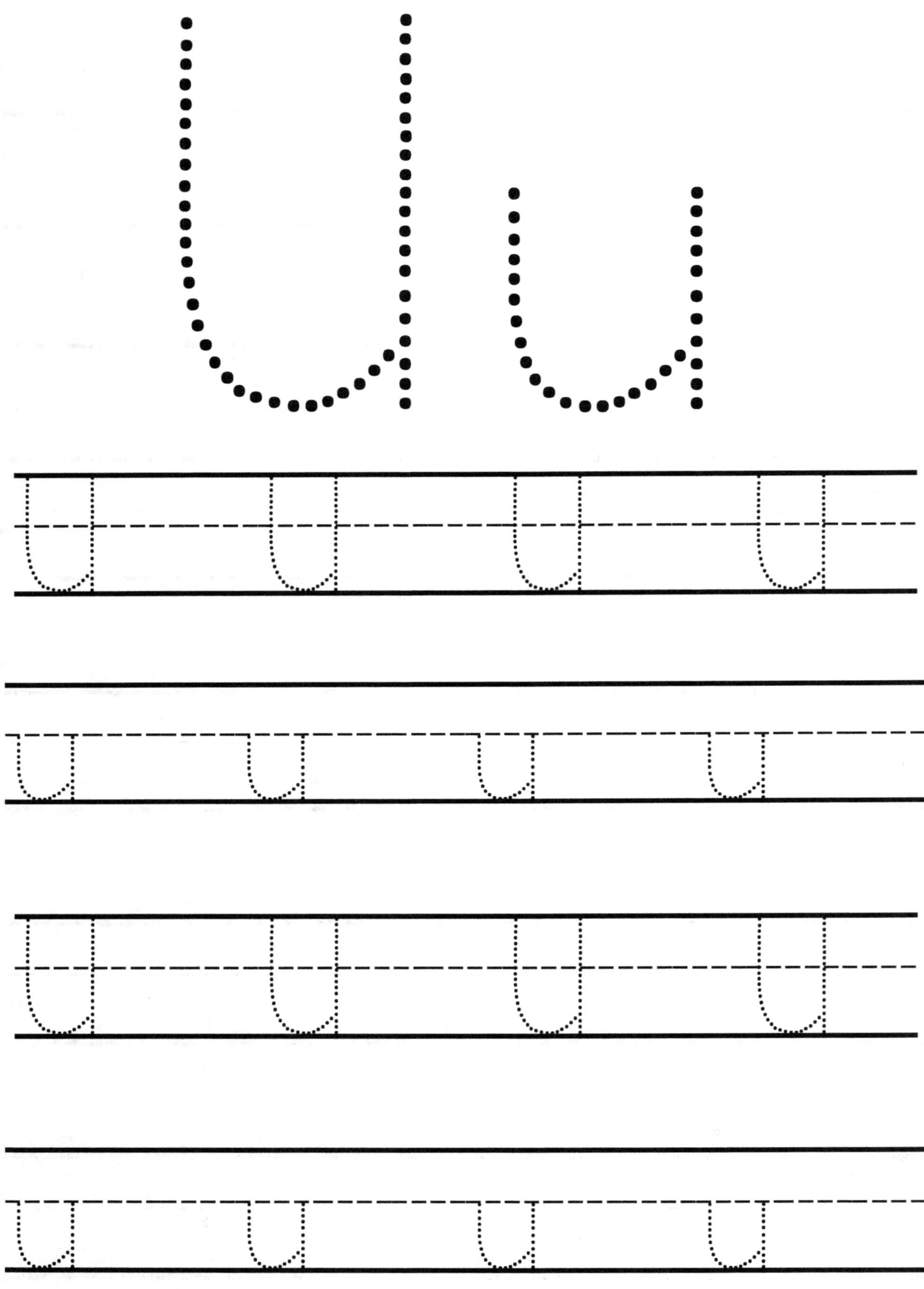

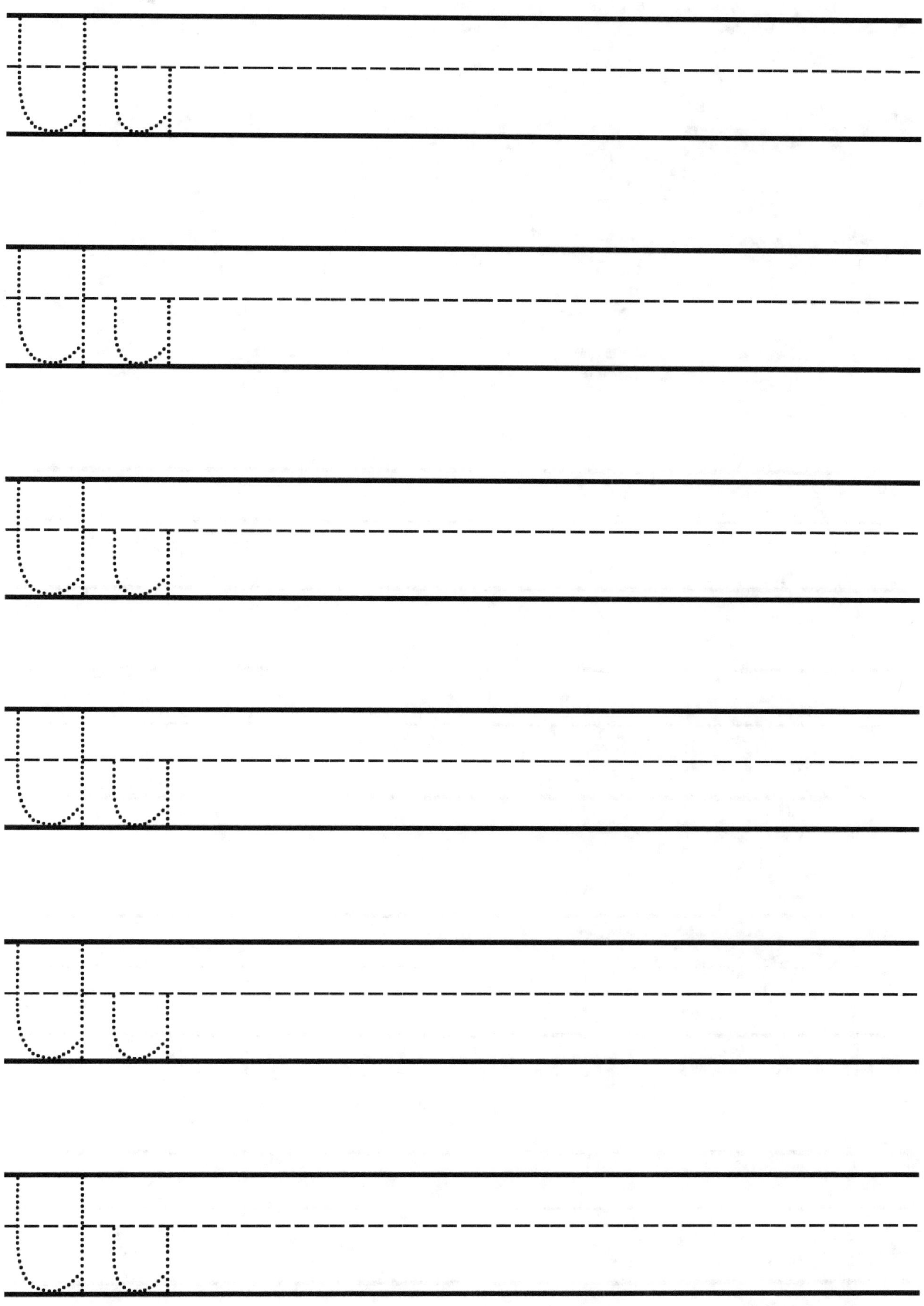

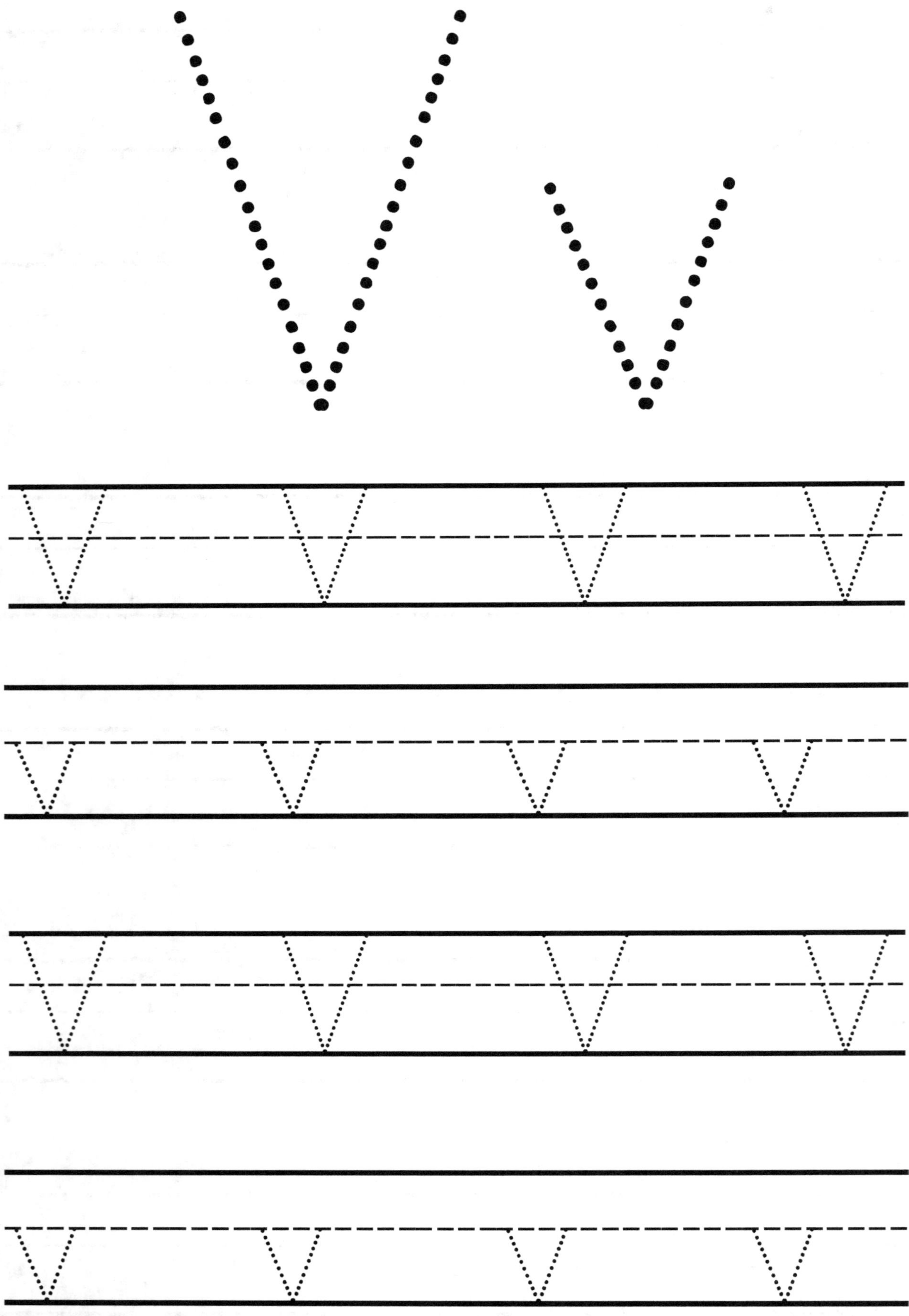

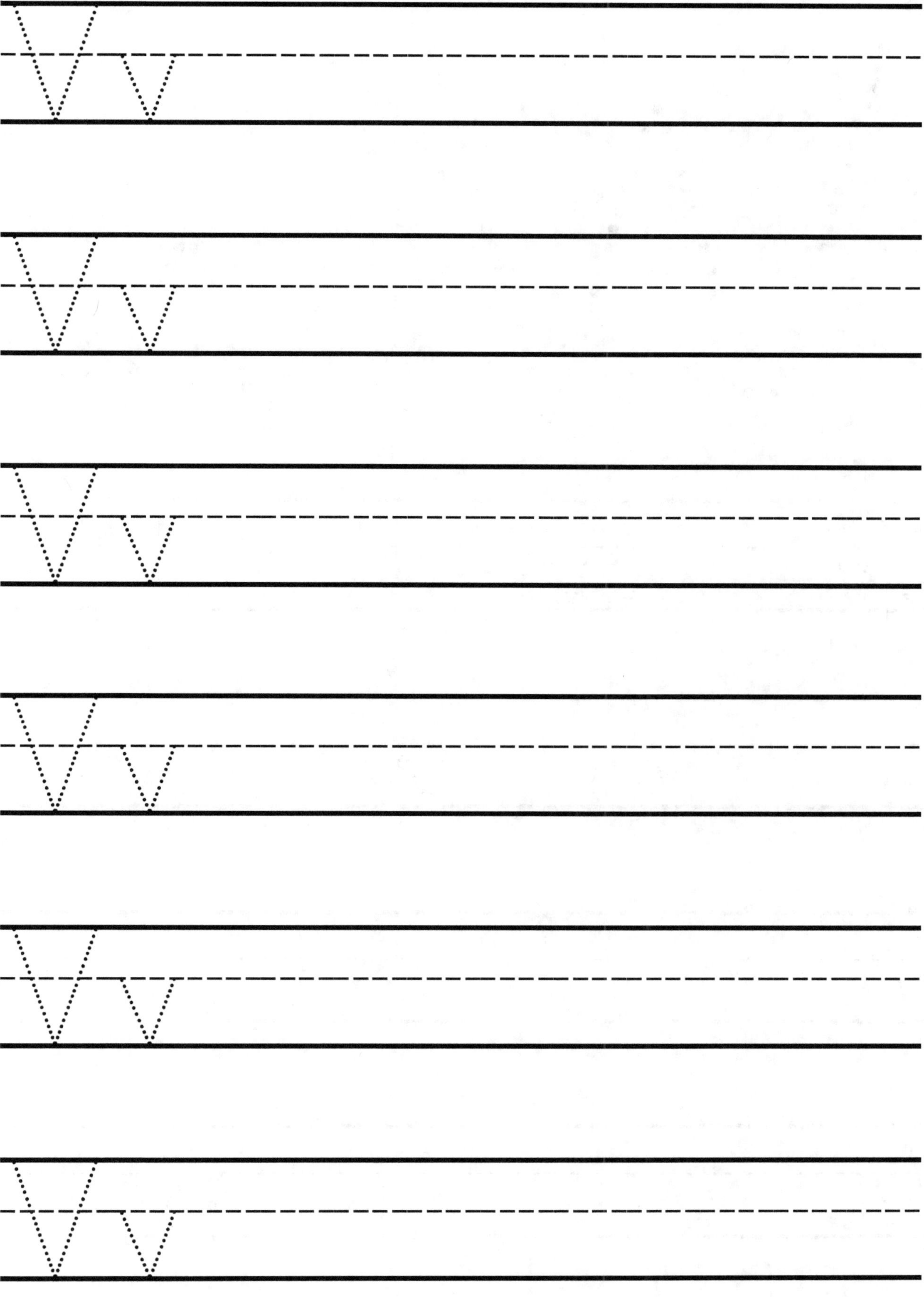

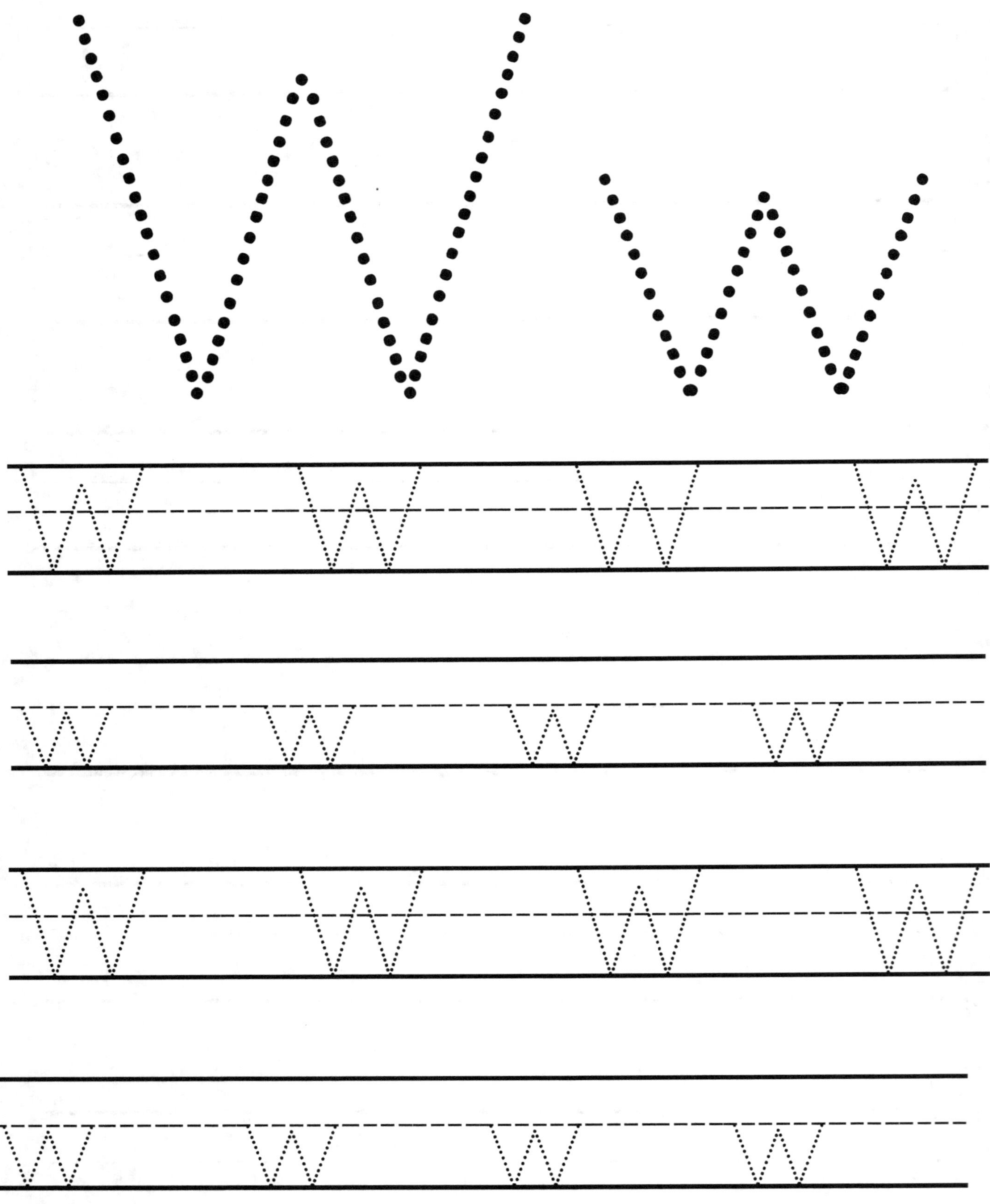

W w

W w

W w

W w

W w

W w

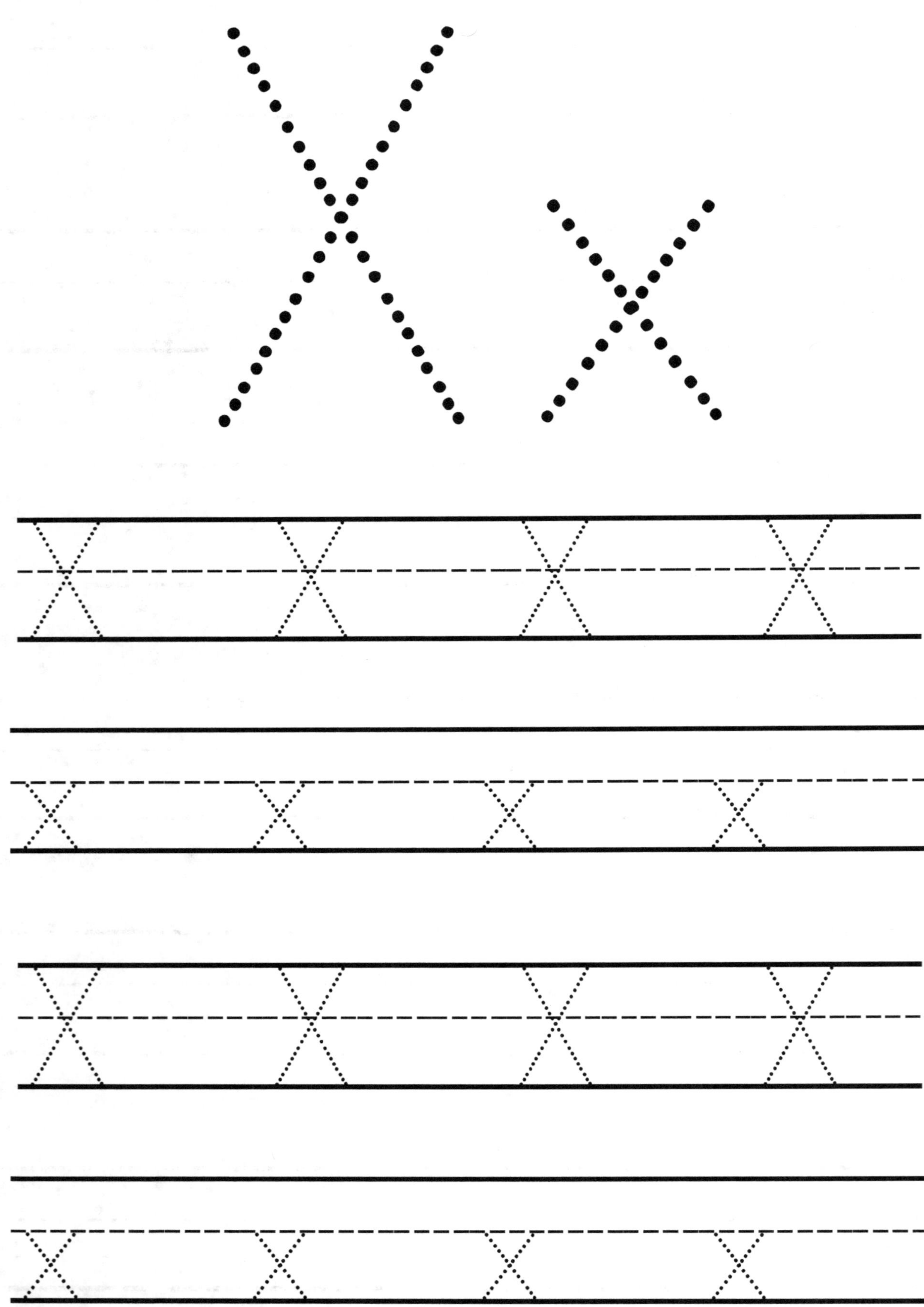

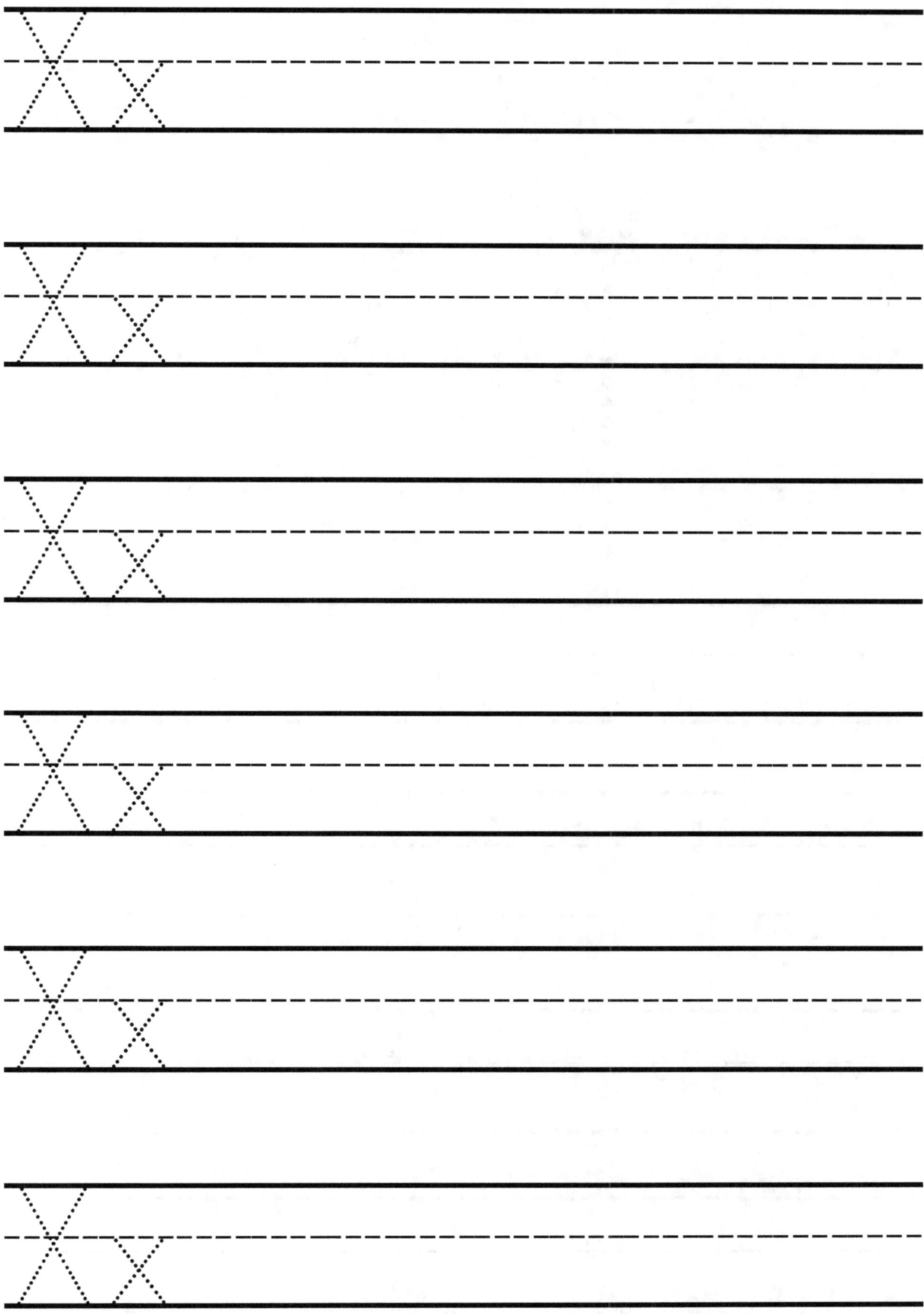

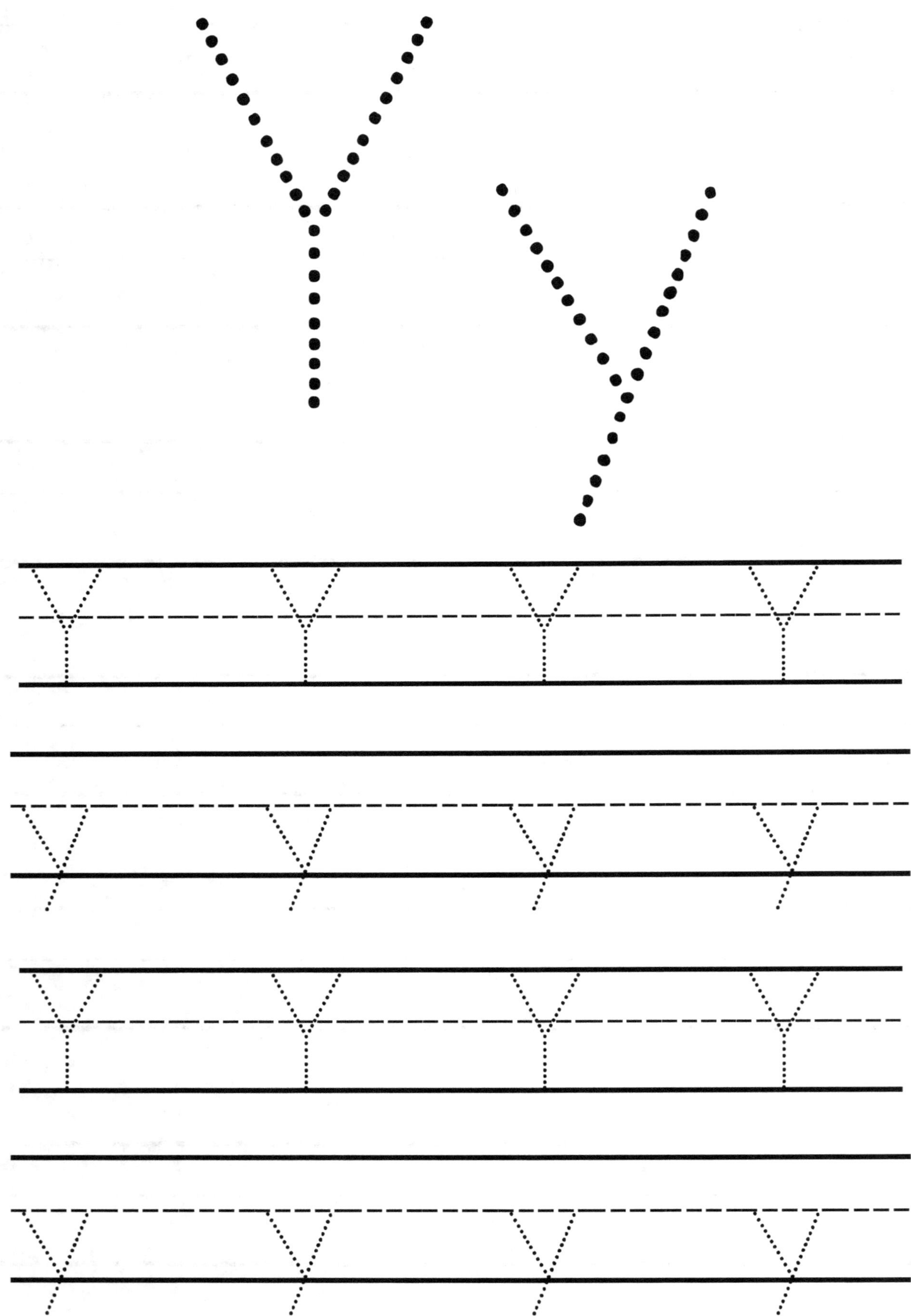

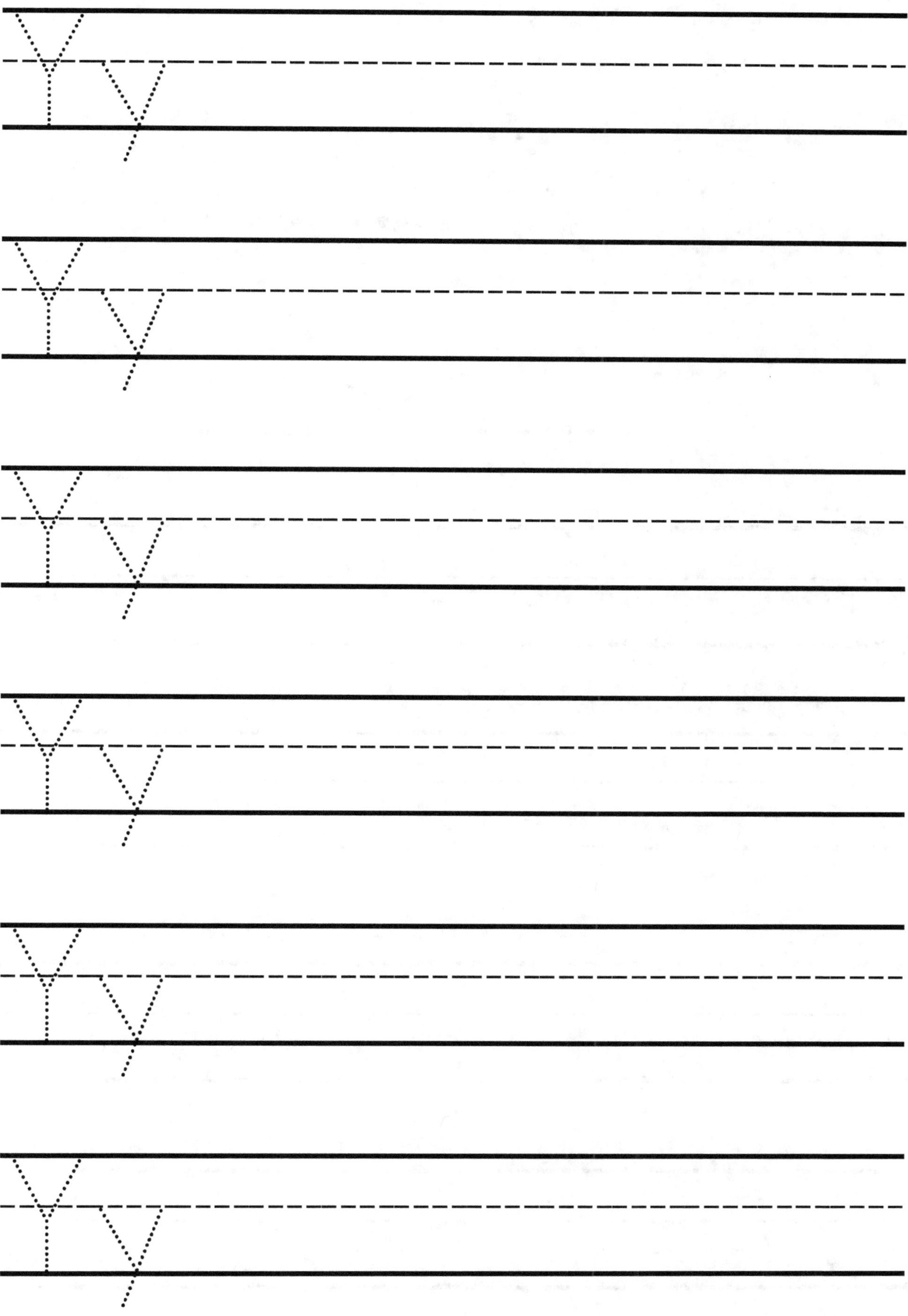

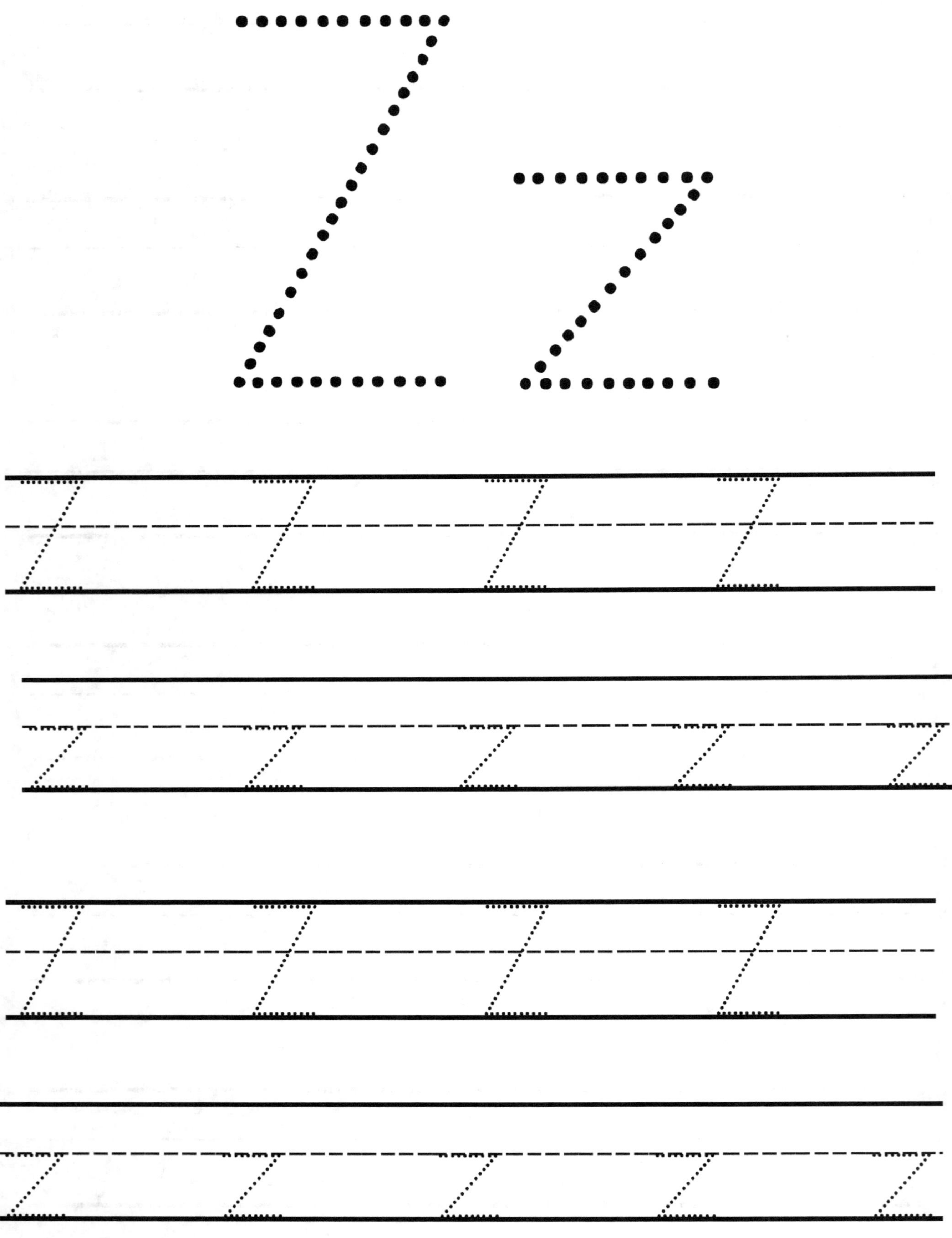

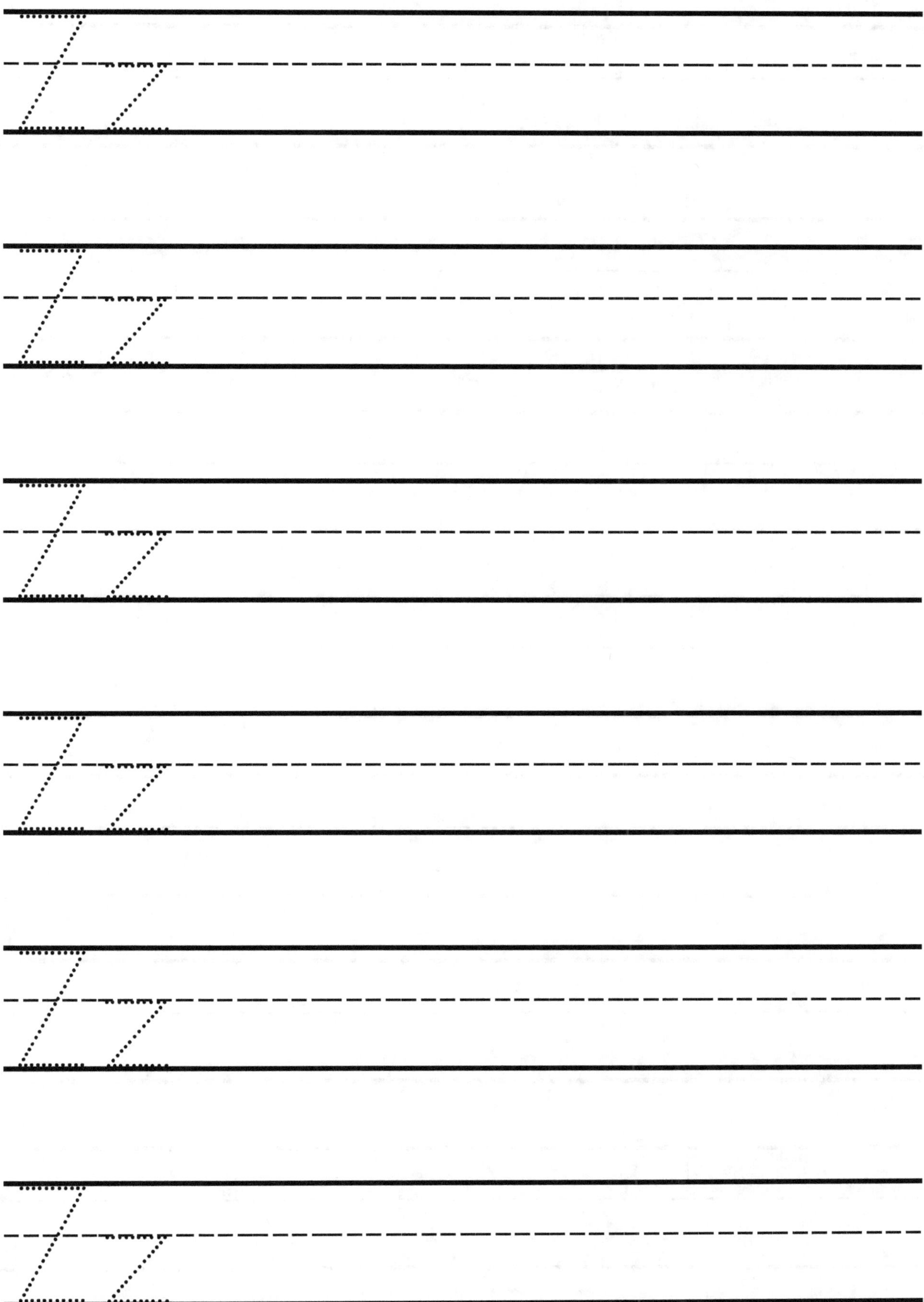

www.ingramcontent.com/pod-product-compliance
Lightning Source LLC
LaVergne TN
LVHW080818170826
845678LV00011B/2054

* 9 7 9 8 4 1 7 9 4 3 7 4 4 *